自分から学ぶ子どもの親は知っている

小学生が勉強にハマる強み学習法

株式会社Eden代表 居村直希

SHING Co., LTD

★はじめに★

「コツコツ勉強するのが苦手で学習習慣がなかなか身につかない……」
「特定の教科だけ点数が低く、あと10点成績アップさせたい……」
「塾に通っていても自ら勉強するようにならない……」

私はよく保護者の皆様から、このようなご相談の声を伺います。
多くの親御さんが、こうした悩みを抱えていらっしゃいます。

私は個別学習の家庭教師を集める家庭教師Edenを経営しながら、自らも家庭教師として約18年間、３０００人以上の親子と向き合ってきました。

Edenは中学受験を得意としています。しかし、担当させていただいた家庭の中には中学受験はおろか学校の授業内容にもついていけていなかったり、そもそも親子関係が悪く子どもが安心して学習できる環境でなかったり、子どもの受験なのに親の理想が強く子どもが萎縮していたり、などさまざまな状況のご家庭がありました。

どんな状況でも、子どもの学習を妨げる原因を一つひとつ解決していけば子どもの成績も学習意欲も上がります。

子どもは自分に合った学習方法や環境を手に入れることができれば、本来の力を発揮できるのです。

子どもの学習意欲を引き出すには、画一的な学習ではなく一人ひとりの性格や特徴に合わせたアプローチが必要です。

また、親の関わり方一つで、子どもは大きく変化する可能性を秘めているということも実感してきました。

本書では、私のこれまでの経験を基に、お子様が自発的に学ぶ姿勢を身につけるための実践法をお伝えしています。

単なる知識の詰め込みではなく、「失敗を恐れずに挑戦する力」と「自分で考えて行動する力」を育むための具体的な方法は、きっと生涯を通して役立つはずです。

親御さんが知識を得て、行動して、環境を整えるだけで、お子様の勉強に取り組む姿勢、そして成績は必ず上がります。

本書で紹介する方法は、すべて実践に基づいたものです。

親御さんがお子様のために必ず覚えていてほしいことを解説した、お子様の強みを活かした勉強習慣の本となります。

親御さんが少しずつ実践することで、必ずお子様の中に変化が生まれるはずです。

お子様が自ら学ぶ喜びを見いだせるよう、一緒にその環境づくりを始めてみませんか。

本書が、お子様の輝かしい未来をつくるきっかけになることを願っています。

居村直希

目次

序章

頭のいい子に育てるために親が知っておくべきこと

第1章

好奇心と勉強を結びつける「きっかけ」のつくり方

第2章

頭がいい子に育つ「学び習慣」

第3章

注意!! 「学び習慣」を止めてしまう親の言動

第4章

学年別・科目別 自発的に学び続ける 頭がいい子の「学び習慣」

第5章

中学受験を考えたら、知っておくべきこと

ブックライティング　玉絵ゆきの
編集協力　石橋勇輝
本文デザイン・装丁・イラスト　木村勉
本文ＤＴＰ　横内俊彦
校正　新沼文江

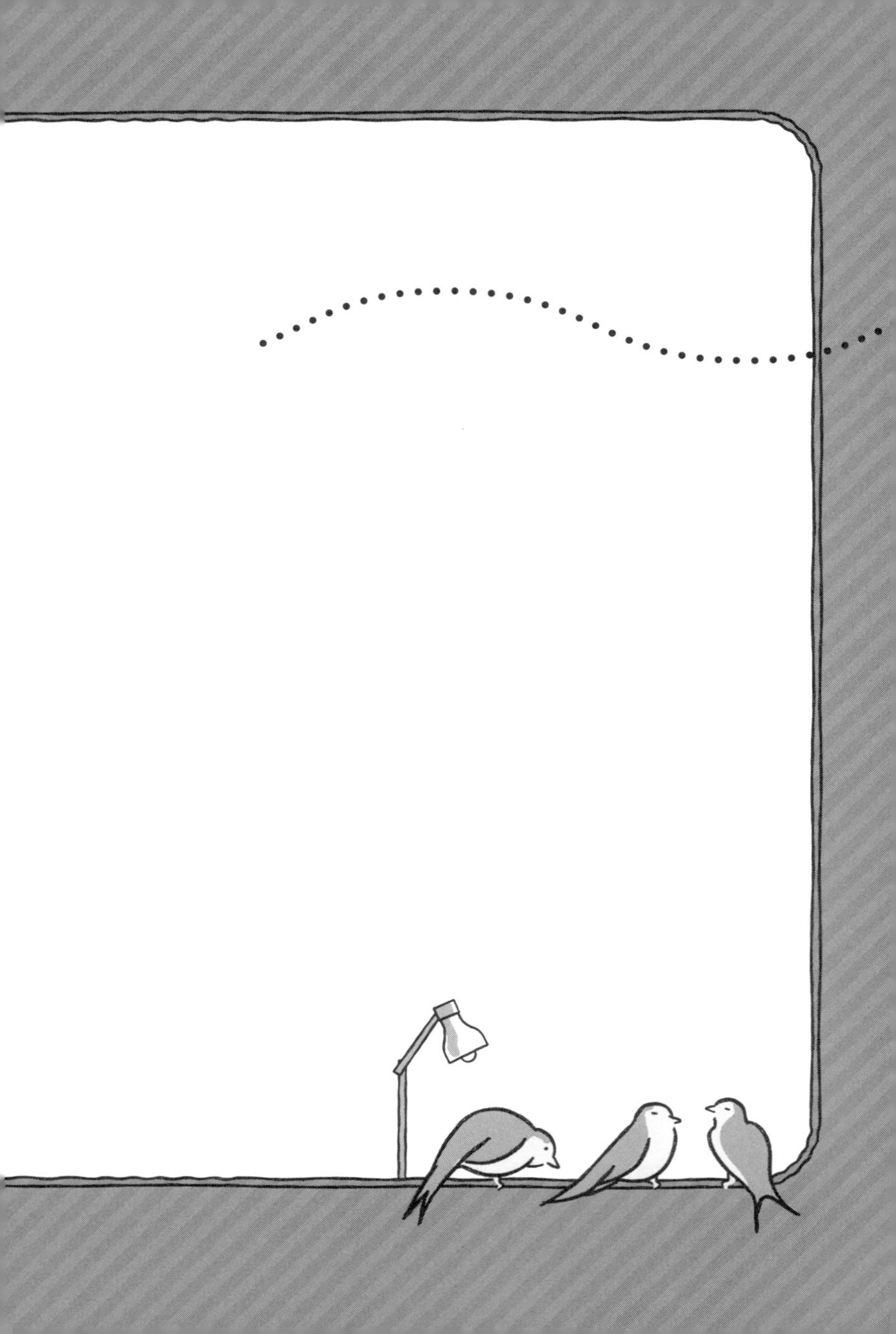

序章

頭のいい子に育てるために親が知っておくべきこと

「頭の良い子」の新しい定義

親世代が子どものときの受験は、早慶上智、MARCHを筆頭とした知名度のある学校が人気でした。「人気校に合格すれば安心」というブランド志向の「お受験」が主流で、その価値観のまま子どもの受験を考える親御さんは少なくありません。

しかし、急速に変化する現代に合わせて、受験の在り方も大きく変化しています。

大学入試では、２０２０年に「大学入試センター試験」が廃止され、２０２１年から新たに「大学共通テスト」が実施されています。

これまでの大学入試センター試験は、知識量や暗記力があれば問題が解ける傾向にありましたが、大学共通テストは思考力・判断力・表現力を重視し、各科目の出題傾向が大きく変わりました。

特に英語の試験内容に大きく変化があり、読む・聞く・話す・書くという4つの技能が評価される内容へと進化しました。

この変更により、従来の「暗記型」の勉強から、**学んだ知識を活用する力や、思考する力、表現力を測るテスト**となり、現代はより学生の人間力が試される時代になったといえます。

これは、文部科学省が入試改革の一環として実施したもので、システムの設備が困難などの理由で一部導入が見送られたものもあり、今後も試験内容の変化が予想されます。

私見ではありますが、将来的には「大学共通テスト」という仕組み自体も廃止される可能性があると考えています。どんな変化が起きるかわからない実社会においては、テストを解くよりも**得た知識を時代に合わせて使いこなすことができる柔軟性のある「人生をサバイブする力」を持っていることのほうが重要**です。そのため、これからも試験内容は変化していくと思っています。

私はこの「人生をサバイブする力」を持っている子を「頭の良い子」だととらえています。

この**頭の良さは日々の学習で養えます。**

これまでは、塾や学校が決めた枠組みの中で良い点を取り、達成することが頭の良さの基準でした。しかしこれからは、その枠組み自体を俯瞰的に見て、自分の達成したいゴールをきちんと認識し、**「自分が志望校に合格するためには何をすべきか」を自主的に考えるよう促す**ことが求められているのではないでしょうか。

「頭が良い子」とは、決して「親にとって都合の良い子」ではありません。

サバイブする力を持つ子どもこそが、変化の激しいこれからの時代をリードし続けていく存在になるでしょう。

現代の教育現場において、親御さんはこの新しい「頭の良さ」の定義を見据え、子どもの可能性を信じて日々の学習の支援をしていくことが求められています。

なぜ子どもに勉強してほしいのか

親が子どもに「勉強してほしい」と願う背景には、複雑な事情があります。その根底には、子どもに対する深い愛情と、将来への不安が絡み合っています。まず、親がもっとも考えるのは子どもの将来の経済的安定です。

当然、親は子どもより早く亡くなるので、自分がいなくなっても食べていける状態をつくるために、偏差値の高い学校に入学し、資格も習得し、安定した企業に就職し、将来に備えてほしいと考えているものです。

しかし現代を生き抜くには、知識や資格を得るだけでは十分ではありません。**実用的なスキルや対応力が重要視**されます。

親がいなくなっても、変化の激しい社会で生き抜くには「自立」が必要であり、最終的に勉強を通して習得してほしいと親が思っていることは「**子どもが自立すること**」だと感じています。

自分自身で勉強をするということは、課題を見つけ、その課題を解決するために手段を考え、実践することでもあります。ただの知識としての勉強ではなく、その**知識の使い方を考えることこそが勉強の根源**だといえます。

子どもが自立するには、「テストで低い点数を取った」など失敗を経験することが必要です。

つい、親は子どもが失敗しないように手厚くフォローしがちですが、正しい努力をすれば結果がついてくるという経験や、逆に間違った努力の仕方では結果が伴わないという経験も含めて、**子ども自身が人生を切り開いていく力を養う**ことが必要といえます。

つまり、勉強をすることは単に知識や考える手段を得るだけではなく、実際に経験したからこそ味わえる事実と自信が手に入るのです。

次に、自分が子どもの頃に勉強で失敗した、または勉強をしてこなかったというコンプレックスから子どもには勉強をしてほしいという「リベンジ思考」がある親御さんも多くいらっしゃいます。

子どもに勉強を強要し、受験を考える親御さんも多く見てきました。この場合、子どもの受験がいつしか「親の受験」にすり替わり、進学先を親の判断で決めようとするので子どもは親の大きな期待を感じて人知れず悩みます。

こういうケースは、残念ながら受験に失敗する可能性が高く、また将来自分から進んで勉強する意識が薄まる可能性も高いです。

大切なのは、**子どもの個性や興味を尊重しつつ、子ども自身が「やればできる」という自信を積み重ねていくこと**です。

勉強は、子どもの個性に合わせて柔軟に対応していく必要があることを、私たち大人は常に心に留めておく必要があります。

失敗を怖がらない子どもに育てる方法

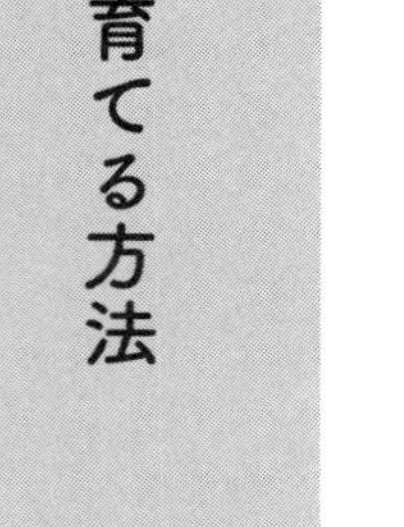

本来、子どもは「失敗」を怖がりません。

何が失敗か正解か、知らない状態で行動するので当然です。その過程で、親が怒るから親の顔色をうかがい、**怒られるのを避けるために行動すること自体が怖くなるのです。**これは、私たち大人が子どもの可能性を狭めているといえます。

成長において、失敗は恐れるべきものではなく、貴重な学びの機会です。

私たち親が、子どもの失敗に対して反射的に怒ってしまうのは、自分の過去の失敗体験を否定的にとらえているからかもしれません。

人前で失敗し、笑われた場合「もうこんな気持ちになるのはごめんだ」と、気持ちが萎縮してしまいます。会社で責任のある立場だった場合、失敗が周囲に影響を与える可能性もあります。そのため、行動が慎重になるのは当然です。

しかし、子どもに対してはもっと視野を広く持つべきです。

どんどん行動し、経験を重ねる子どもに育てるには、**失敗しても怒らず「失敗できることは天才の証し」という価値観を養うようにしましょう。**

まずは、失敗を恐れない子どもを育てるためには、親自身が失敗に対する考え方を変える必要があります。


失敗の前には、必ず挑戦があります。

子どもの挑戦できる姿勢を親は素直に「すごいな」と称賛してあげてほしいのです。たとえば、日常的に子どもの小さな挑戦を褒めてみましょう。友達同士で新しい遊びを見つけて挑戦したり、勉強面では難しい課題に向き合ったりする機会が子どもには必ずあります。

そこを見逃さずに粒立てて褒めていくのです。

結果よりもプロセスを重視し、努力を称賛することがポイントです。

「よく頑張ったね！」
「面白い考え方だね！」
「すごいな！」

このような声かけを心がけ、**子どもに挑戦する快感と自信をどんどん持たせていくのです。**仮に失敗していたとしても、その挑戦した行動の意義に焦点を当て、子どもに行動する大切さを理解してもらいます。親自身が子どもを褒めることに慣れてきたら、**何をどうしたことが良かったのかを言葉で伝えていきましょう。**

「空欄を全部埋めて回答して、よく頑張ったね！」
「図解で回答したんだね、面白いね！」
「いろんな種類の色を使って鮮やかに描けてすごいな！」

このように「何について」褒められたのか提示されると、子どもの理解度は深まり、自主的に考えて行動できるようになります。

また、親として子どもを危険な目に遭わせたくないと思うのは当然ですが、**身体**

能力の向上のためには、少々危険を伴う遊びや活動を許容することも大切です。

身体能力は、子どもの発育に欠かせない要素であり、筋力、瞬発力、持久力、柔軟性、体格などの基礎能力のことです。

たとえば、公園での木登りや、自転車の練習など、多少のリスクを伴う活動を通して子どもは自分の限界を知り、身体能力を高めていきます。

また、転んだりケガをしたりすることで危険察知能力も向上していきます。

もちろん、安全面には十分配慮する必要がありますが、過度に危険を回避しようと親が動いてしまうと、**子どもの冒険心や挑戦する気持ちを抑制してしまう**可能性があります。過保護になりすぎず「失敗したら、帰っておいで！」と、ドシンと構え包容力のある親御さんになると子どもは安心して甘えることができて、教育に良い環境となります。


子どもは必ず失敗するものです。

そんなときは、**一緒に悩むことも大切**です。対処法を子どもと一緒に考えたり、

「なんでうまくいかなかったんだろう？」と一緒に振り返ったりすることも良いでしょう。

そして、**親自身が失敗する姿を見せることも効果的**です。

失敗しても、前向きに対応する行動を示すことで、子どもは**失敗から学ぶ姿勢を自然と身につけていきます。**

一つの分野で失敗したとしても、別の分野で成功する可能性は大いにあります。**さまざまな活動に挑戦をさせることで、失敗を恐れず新しいことに取り組む姿勢を育てていきましょう。**子どもの失敗を見守り、許し、自分の失敗も子どもに見せ、時には一緒に課題の解決方法を考えていくことは、**親の人間力も高めます。**

失敗に対する価値観をバージョンアップすることは、子どもの成長だけではなく、親自身の成長にもつながるのです。

努力が成果に結びつきやすい「勉強」

子どもの努力を、兄弟やクラスメイトなどの他者と比較して評価していないでしょうか。

たとえば、大手塾の組み分けテストなどで、偏差値40の子どもが努力をして偏差値を45に上げている中、友達Aは偏差値が50、友達Bは偏差値が60という事実を持ち出し「努力が足りない！」「他の子はできるのになんであなたはできないの！」と叱るなどの行為です。

この比較するという評価方法では、子どもはいくら努力しても「認められない」「褒められない」ととらえてしまい、どんどん勉強から遠ざかっていきます。

子どもの努力を正しく評価し、成果に結びつけるためには、単純な比較や偏差値、

テストの点数だけを指標にするのは危険です。

大切なのは、**個人の「成長点」に注目する**ことです。

つい偏差値やテストの点数だけで子どもの出来・不出来を判断しがちですが、あくまでも相対的な指標であることを忘れてはいけません。

まずは、**子どもの日々の努力や進歩を親が把握し、具体的に認める**と効果的です。たとえば、子どもが気に入っているキャラクターや好きなデザインのノートに、「その日、自分が行ったこと」「達成したこと」「できなかったこと」など勉強をしていて感じたことを自由に書いてもらいます。

そして、そのノートを親が確認するのですが、意識的に良いことが書かれている箇所のみにフォーカスして見ていきます。

親は、自由に書かれたノートを見るとついついできなかった点を見つけ子どもに注意しがちです。

しかし、子どもは頭ごなしに「できなかったこと」に対して怒られると、ノートを取る際、怒られないようにするために、考えて嘘を書いてしまう場合があります。

それでは、親が子どものリアルな勉強の進捗状況を理解するのは難しくなります。
子どもは子ども自身で何ができていないかを把握し、親は子どもの成長点をしっかりと言葉にしてあげます。

子どもは日々さまざまなことができるように成長しています。その小さな成長を取りこぼさず褒めていきましょう。

「国語の授業でノートをこんなにたくさん書いたんだね」
「この問題が解けるようになったんだね」
「前回できなかったのに、今回できるようになってるね」

褒めることは、子どもの自信を高めていき、自主的にどんどん学んでいく子どもになっていきます。

ただし、**褒め方にも注意が必要**です。
やみくもに褒めるのではなく、「昨日よりこれができたね！」「初めて◯◯してすごい！」など**具体的な努力や成長に対して褒めることが大切**です。

また、**子どもを対等に扱い、尊重する態度も重要**です。

子どもの感性は、親が思っているより鋭く、どんどん敏感になっていきます。

「すごい！」という何げなく褒めた言葉も「子ども扱いされてショック」「スゴイ！って言うけどわかっているのかな？」と親を疑ってしまうこともあります。

「すごい！　私が子どものときはこの問題解けなかったよ」

「この問題解けたのすごいな！　どうやってやったの？」

「お母さんやり方わかんないから教えてよ。すごい！」

このように**子どもに花を持たせるようなイメージで行うと、子どもの自尊心を高めるのに効果的**です。

子どもと同じ視点に立ち、具体的に褒めることを意識しましょう。

NOT難問NOT強制！
勉強させようとしてはいけない3つの理由

家でいつまでもゲームやSNSに夢中な様子を見ているとつい「勉強しなさい！」と言いたくなりますが、強制的に勉強させることは逆効果です。

大人、子どもに限らず人間が一番力を発揮するときは「**want to**」の状態。

つまり、自ら進んで物事に取り組んだときです。人間の行動の、8〜9割は潜在意識で決まると考えられているので、**「理屈」で動かすのではなく「感情」で子どもたちを誘導**しましょう。

ポイントは**「真面目さよりも楽しさ」を意識する**ことです。

まず、第一に「勉強しなさい！」と怒られてから勉強をすると、やる気になって

いない状態なので集中することは困難といえます。

さらに、どこかで「怒られたから仕方なくやっている」と勉強に対して「負け」の感情を抱きます。

第二に、強制的な勉強は子どもの潜在意識に悪影響を与えます。

勉強は継続することが大切ですので、「勉強はつらいもの」という認識が形成されてしまったら、長期的な学習意欲を低下させる原因となります。

最後に、「勉強しなさい！」と一方的に勉強を強制すると、子どもの個性や学習スタイルを無視した画一的な勉強法になります。

子どもにはそれぞれ得意不得意があり、理解度も異なります。

このような個人の特性を無視して一律に勉強させることは、効果的な学習につながりません。

もし、子どもが小学6年生で理科の科目につまずいているならば、小学4年生まで戻って問題を解くと自信を回復できるでしょう。

意外に内容が理解できる、問題が解けるという事実によって、漠然とした苦手意識が薄れていくためです。

逆に、英語は得意だからステップアップさせて中学生の問題を解いてみるなど、自信があるうちに少し上の内容や問題に触れると、自主的に学習意欲が高まります。

子ども自身の個人の能力に合わせて**学習方法を工夫すると、子どもは勉強の面白さや達成感を感じやすくなります**。

親の関わり方次第で、**個人の能力を「引き出す」ことは可能**です。

勉強を強制するのではなく、**子どもの興味関心に寄り添い、楽しみながら学べる環境を整える**ことに注力しましょう。

現在はYouTubeにも良質な教育コンテンツがたくさんあります。

子どもの感情を揺さぶるために、**動画を活用して臨場感や没入感を味わいつつ勉強につなげることも効果的**です。

親は調教師になったつもりで「どうやったら子どもの学習意欲を乗せ続けることができるのか」と日々工夫を凝らして実践してみましょう。

成長を促し、成長に気づかせる親になろう！

子どもの成長は驚くほど早く、わずか3カ月でもかなりの変化が見られます。お子様の3カ月前と今日を比べてみると、さまざまな成長の証しが思い浮かぶと思います。

成長に気づくことはとても重要な役割ですが、現代の忙しい生活の中では、それが難しい場合もあります。たとえば、平日は仕事や接待で家を空けがちな父親は、週末になって初めて子どもの成長を実感することがあります。一方、日々子どもと過ごす母親は、距離が近すぎるあまり徐々な変化に気づきにくいこともあります。

子どもの成長に気づくためには、両親の協力が大切です。

父親と母親とでは、子どもの良いところを見つける視点が違うことがあるので、

夫婦で観察し、**共有し協力して子育てをすること**が重要なのです。

しかし、現在はシングルの方も珍しくありません。その場合は、ご家族か塾の先生などできるだけ協力者を見つけられると、子どもの成長に気づける良い距離感を保つことができます。基本的には、母親が子どもと一緒に過ごすご家庭が多いと思いますが、常に子どもと一緒にいると、その成長点に気づきにくいこともあります。

成長に気づくには、時々距離を置くことです。

たまには親戚や友人宅に子どもを預けたり、子どもの様子を少し離れたところから観察したりすると、新しい視点で子どもの成長を認識できることもあります。

子どもの成長を促すには、「**親離れと子離れ**」**を意識すること**です。

子どもの能力を信じ、俯瞰的に見守ることが大切なのです。特に一人っ子の場合、親が子どもに干渉しすぎて、過保護になりがちです。常に子どもと真面目に向き合うがあまりシリアスな雰囲気になってしまう親御さんは多いといえます。

子どもは、親が思う以上に敏感です。その雰囲気を察し、子どもながらに気を使ってしまうのです。そして、その雰囲気から感じ取った期待に応えなければとプレッシャーを感じてしまいます。

子どもとの程よい距離感を意識しつつ、親自身も自分の人生を楽しむことで子どもは自分自身で考えて学んでいけるようになります。

たとえば、お母さんの場合マッサージやヨガなど、自分の時間を持つことで、リフレッシュができて親子ともに健やかに成長できる環境が整います。お父さんの場合は、もしお母さんに子どもの勉強を任せっきりであれば、休日に一緒に問題を解くなど、外で遊ぶ中で質問をして楽しみながらコミュニケーションを取ると、お母さんも子どももリフレッシュができると思います。

子どもとの関係がギクシャクしてしまったら、ぜひ**自分の時間を設けてみてください**。子どもは親の背中を見て成長します。

子どものためにも自分の人生を楽しんでいる姿を子どもに見せてあげましょう。

子どももそのように楽しんでいる親を見ると、大人になることが楽しみになるはずです。

序章のまとめ

- 「人生をサバイブする力」を持つ子どもに育てる
- 知識の使い方を考えることこそが勉強の根源
- 子どもに挑戦する快感と自信をどんどん持たせていく
- 子どもと同じ視点に立ち、具体的に褒める
- 「真面目さよりも楽しさ」を意識する
- 「親離れと子離れ」を意識する

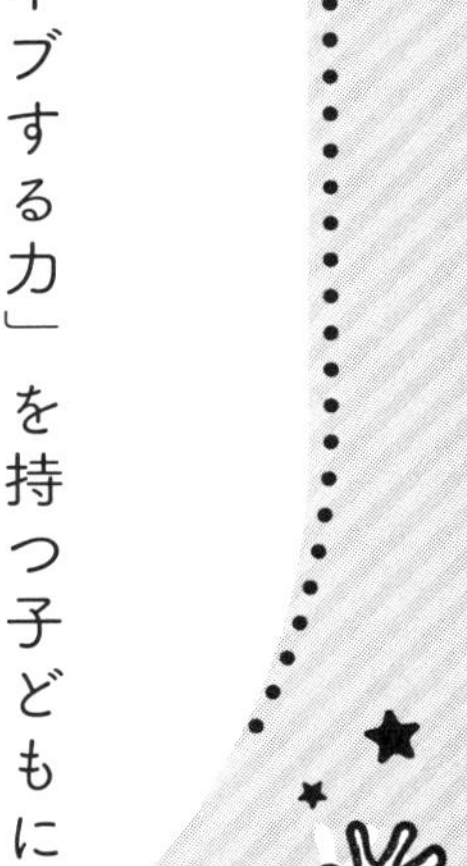

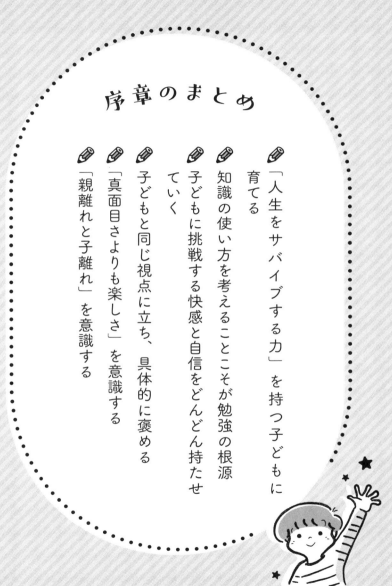

第1章

好奇心と勉強を結びつける「きっかけ」のつくり方

子どもが自発的に動くために必要な「好奇心」と「成功体験」

子どもの自発的な学びを促進するためには、好奇心を育てる前に成功体験を積ませることが効果的です。

「自分にもできる！」という成功体験から生まれる前向きな気持ちが、さまざまなことへの意欲と好奇心を喚起するからです。

子どもの学習において重要な「やる気スイッチ」を自ら押すためには、**「もっと知りたい、学びたい」という内発的な動機を育む**ことが不可欠です。

この内発的動機を育てるには、小さな成功体験の積み重ねが有効です。

成功体験は脳内のドーパミンの分泌を促し、自然と学習への興味を高めます。

そのため、**子どもが自然と学びに向かう環境づくりが重要**になります。

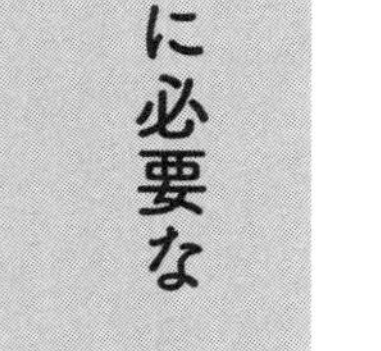

実際に私の教育現場では、偏差値が低い子どもに、偏差値の高い有名校の入試問題をあえて解かせることがあります。

有名校の入試問題といっても、全問が難しいわけではなく、比較的解きやすい問題も含まれています。このとき、**学校名を伏せて問題を解いてもらいます。**

問題を解いた後で学校名を伝えると、子どもたちは「え!? あの学校の問題だったの? 自分でも解けるんだ!」と驚き、自信を持ちます。

私も「偏差値が10も上の学校の問題が解けるなんてすごいな!」と声をかけ、さらに「じゃあ、次はこの問題をやってみよう!」とすすめます。

すると、ほとんどの場合、子どもたちは夢中になって次の問題に取り組みます。

このように、まず成功体験を経験させることで、子どもたちはやる気を起こし、自発的に学習に取り組むようになります。

この方法は、子どもの内発的動機を高め、持続的な学習意欲を育てる効果的なアプローチといえるでしょう。

好奇心と勉強を結びつける「きっかけ」のつくり方

現代の子どもは、タブレットやスマートフォンを3、4歳頃から利用し、YouTubeやSNSに小さい頃から触れている傾向にあります。

これにより、親世代とは違い**視覚優位の傾向が強くなっています。**

幼少期からタブレットなどに触れる機会が多いため、文章から想像する力が弱くなっているのです。

この特性を踏まえ、**視覚的な要素を取り入れた学習方法を工夫することが効果的**です。

たとえば、英語学習では、映像を活用して文章の内容をイメージしやすくする方法があります。

映画『ハリー・ポッター』の一場面を日本語で観せたあとに、その内容を英文で提示するなど、**視覚的な理解から言語理解へと橋渡しをすることで、難しい文章でも内容を把握しやすくなります。**

また、日頃から映画を英語版で観せるのも興味を引くきっかけになるかもしれません。

特に、小学校2~3年生の頃は問題を解かせるよりも、**日常で既に触れているものから学びのきっかけをつくると良い**です。

まだまだ思考回路ができていない状態なので抽象的な理解で問題ありません。その段階から、親が具体的な質問をして理解を深めていきましょう。

具体的な質問とは、たとえばスーパーマーケットでの買い物では、野菜を一緒に選んで「このジャガイモの産地はどこだろう?」「先週より安いね。どうしてかな?」など質問をして子どもとの会話を楽しめば、地理、経済、数学の興味関心や学びの接点を持つことができます。

また、**夏休みは学びのきっかけをつくる絶好のチャンス**です。

受験生でも、ぜひ家族で旅行へ行くなどしていつもとは違う環境にしてみましょう。

「旅行先の特産物は何か」「隣の県はどんなところか」「旅行先に行く道中で食べる駅弁には何が入っているのか」「好きな電車のはやぶさは、東京駅から東北新幹線でどこの駅に着くのか？」など、**実際に子どもが経験をすることで、自分事としてとらえやすくなります。**

学校の教科書に書いてあることや、塾で習うことは子どもにとっては非日常の世界です。

教育現場に頼らずとも、**日常で子どもと会話を楽しむことでも学びのきっかけはつくれる**ものだと覚えておきましょう。

親御さんもゲームのように「これは何かな？」と一緒に楽しむ心を持つと良いと思います。

「ゲームをやりたい」子どもの好奇心に触れる

ゲームに関して、否定的にとらえる親御さんは少なくありません。

しかし、子どもが夢中になって取り組んでいるものならば「どういうところが面白いの?」と聞き、魅力を語らせてみましょう。

すると、子ども自身がその魅力について考え、伝えようと言葉にしていきます。

それにより、**言語化能力が向上し、文章の記述を解く力や原因と結果を結ぶ論理的思考法が身につくことにつながっていきます。**

また、「なぜ自分はこれを面白いと思っているのだろうか」と、漠然と遊んでいたものに対して考えることで自分自身のワクワクした感情を解釈しようとします。**自分で自分を考えるきっかけ**にもなります。

もちろん、ゲームに熱中している理由を聞いても、うまく言葉にできない子どももいます。

その場合は、子どもと一緒にゲームを楽しみ、自分はそのゲームのどこに魅力を感じたのかなど話してあげると良いです。

それにより、子どもも自分以外の人の「面白いと思う理由」を聞いて、共感したり、そこじゃないと反発したりすることで**少しずつ自分の「面白いと思う理由」がわかってくる**と思います。

子どもは、自分が好きなことに理解を示す人の助言は聞きやすくなります。単に否定するのではなく、**なぜそれに熱中しているのかを理解しようと努める**ことが大切なのです。

「この問題、あのゲームに似ているね」

「ゲームのこの部分が面白いんだね」

「こんなふうになったらもっとそのゲーム面白くなりそうじゃない？」

あるいは、もっと具体的に魅力を伝えるのであれば次のような形でもいいでしょう。

「桃鉄で今年は台風の影響で沖縄のサトウキビ農園が壊滅的になったけど、実際本当に台風の被害で、農作物が取れなくなる地域があったり、その影響で野菜の価格も高騰化したりしているし、ちゃんと物事には原因と結果があるんだね」

このようにゲームという表面的なことのみで注意をするのではなく、そのゲームの仕組みや、そのゲームから派生して、現実の世界に結びつけ、ディスカッションしていきながら**肯定的に子どもの好奇心を広げていきましょう。**

子どもの世界に入り込み、共感することで信頼関係も築かれます。

親が勉強の楽しさを行動で示す大切さ

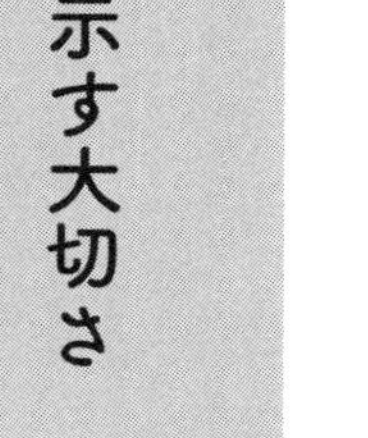

親が勉強を楽しむ姿勢を見せることも、子どもの勉強への苦手意識をなくし、学習意欲を刺激するきっかけになります。

しかし、現代社会では共働きの家庭も多く、子どもと向き合う時間を確保するのが物理的に難しい場合もあるでしょう。

そんな中でも、**親が自分の時間をうまくコントロールし、工夫して子どもと一緒に学ぶ時間をつくる**ことが大切です。

子どもの家庭教師になった感覚で、子どもに向き合い日常で学習のチャンスを拾っていくのです。

たとえば、お風呂の時間を利用して言葉遊びをしたり、車での移動中に周囲の景

色や標識を使って数を数えたり、質問を投げかけたりすることができます。**日常生活のあらゆる場面を学びの機会に変える工夫が必要**です。買い物の際には、値段や数量の計算を一緒に行うことも良いでしょう。

長年たくさんの親御さんと接して思うことは、自分の時間をコントロールできない人は子どもの勉強時間もコントロールすることが苦手だと感じています。学校や塾に任せきりになるのではなく、積極的に自分も勉強に触れていきましょう。

この過程で重要なのは、**親自身が学ぶことを楽しむ姿勢を持つ**ことです。子どもが自分の質問に答えたり、子どもができなかったことができるようになったりした、その瞬間を喜ぶことが大切です。

成長や理解の過程を楽しむのです。

親からしたら小さな変化であっても、子どもからしたらできなかったことができるようになったことは非常に大きな成果といえます。その**小さな変化をすくい上げ**

て、褒めてあげましょう。

褒めるとは、「**相手の価値を発見して伝えること**」です。

「できて当たり前」と子どもが感じるのを防ぐのは、この小さな変化に気がつく親の力が重要です。

また、親自身も子どもの宿題を解いてみるなど、**新しい知識や学習方法を積極的に学ぶ**べきです。特に、親自身が苦手だった科目や分野にも再挑戦してみましょう。

そうすれば、自分も勉強につまずいた当時の苦い思い出により、**子どもの気持ちもわかり、子どもに対する理解度が上がります。**

なぜ子どもが勉強を嫌がっているのかの解像度も上がるでしょう。

自分も問題を解いていく中で「この問題ってひっかけで難しいよね」「ママ（またはパパ）は解けなかったけど、解けてすごいね！　どうやってわかったの？」など、実際に取り組んだからこそ可能なコミュニケーションもできます。

また、大人になって再び学ぶことで、子どもの頃には気づかなかった理解の仕方や楽しさを発見できるかもしれないこともメリットです。

そして、**子ども自身も、苦手意識を共感してくれる味方ができたと安心**できますし、子どもの理解力が上がると親に教えてあげようと前向きに取り組んでいきます。勉強で「他者に教えること」は非常に重要で、教えながら子ども自身もさらに理解度を増していきます。

もし、子どもと同じように勉強する時間が十分に取れなかったとしても、結局のところ、親が勉強の楽しさを示すということは、単に知識を教えることではありません。

日常生活の中で学びの機会を見つけ、子どもと一緒に考え、発見する喜びを共有することが重要なのです。

このような取り組みを通じて、子どもは学ぶことが身近になり楽しさや意義を自然と理解していくでしょう。

身の回りにある勉強の材料

勉強は、決して教科書を通してしかできないものではありません。
学びは、書いてあるものを読んだり、出された問題を解いたりするだけではなく、体験できるものなのです。

つまり、**一見勉強に関係なさそうな日常生活の中に「学び」があります。**

先ほどのゲームの話もそうですし、スーパーマーケットでの買い物や家族旅行もこれに当てはまります。

身の回りには、意外にもさまざまな勉強の材料として使えるものであふれているのです。

たとえば、近年人気の高いゲーム「マインクラフト」を通じて、子どもたちは地学の基礎を学ぶことができます。ゲーム内に登場するさまざまな岩石の種類を知ることで、楽しみながら知識を吸収できるのです。

ドラマや映画、アニメなども優れた学習教材となります。『SPY×FAMILY』のようなアニメを通じて、ヨーロッパの地理や文化、歴史について学ぶことができます。物語の舞台設定や登場人物の背景を通じて、世界地理の知識を自然と身につけることができるのです。

「どこの国が好きかな？」

「なんで好きだと思うのかな？」

「この主人公って存在した人だよね。どんなことを成し遂げた人だろう？」

このように**子どもとコミュニケーションを取りながら、関心のテーマを広げていくのも良い**でしょう。

また、自宅の環境を工夫することで、子どもの知的好奇心を刺激することができます。

実際に弊社スタッフの中で、中学3年生のときに英検1級を取得し、TOEICを990点、3年連続取得した先生がいるのですが、幼い頃から家に世界各国の旅行ガイドが置いてあったり、世界地図が壁に貼ってあったり、地球儀がある環境で育ち自然と世界への関心を持ったそうです。ちなみに、英検1級を受けた当時は海外留学ゼロのときでした。

親から無理やり学ぶことを強要されると、子どもは知的好奇心の刺激ではなく、「親に怒られたくないから」「親が喜ぶから」と、親のために学ぶようになってしまいます。

子どもが自分から進んで好奇心を持つための手助けを親がすると考えると、身の回りにある学ぶための教材の認識が変わると思います。

先ほどの例のように、世界地図を買ってあげたり、図鑑や本などを家に置いていたりすれば、少なからず子どもは「これ、なんだろう?」と感心を示すはずです。

なんとなく目に触れた抽象的な情報を、親が質問することで具体的にアウトプットすることができるため、自宅に置くアイテムを工夫するだけでなく会話を重ねる

ことも重要なのです。

遊びを通じた学習や、日常生活に溶け込んだアイテムで教育的アプローチが可能です。

親しみを持ったものだからこそ、単なる暗記にとどまらず、主体的に学ぶ姿勢を育むことが期待できます。

子どもの好奇心が勉強につながるコツ

「今日は何を勉強したの？」
「どんな科目が面白かった？」
「どんな宿題が出たの？」

子どもが学校から帰ってきたときに質問してみましょう。

すると、この質問をきっかけに自分の学びを振り返る機会となり、新たな疑問や興味を引き出すきっかけになるかもしれません。

子どもの好奇心を勉強につなげることは、親子のコミュニケーションが鍵となります。

また、**親が自分の仕事について子どもに話す**ことも効果的です。

大人の世界を話すことで、子どもが興味を示し、将来の自分の仕事について夢を持つかもしれません。

「こんなことを話しても子どもの役に立たない」と判断せず、些細なことでも共有してみましょう。学びが実生活にどのようにつながっているかを理解するきっかけになる場合があります。

子どもが自分で、**学校のテストなどの「勉強」と日常で活かせる「学び」を結びつけることができれば、勉強の本質に気がつける**かもしれません。

誰しもが、子どもの頃に、こんな勉強役に立たないと考えたことがあると思います。そして、大人になり、あの頃勉強しておけばよかったな、と感じたこともあると思います。

たとえば、営業などの仕事は、人にわかりやすく説明するための論理力が必要なので、国語力が重要であったり、経理や事務であれば計算は必須なので算数が必要であったり、仕事に直結しなくとも雑談で歴史の話をしたり、地域のおいしい食べ物の話をしたりして、どうでもいいと思っていた学校の勉強が意外と日常に活かせることを知ります。

大人になると子どもの頃や学生の頃の勉強が大切だったことを痛感するのです。そのため、近年では資格を取得するためにも勉強をやり直すリスキリングを行う人も増えています。

親が勉強している背中を子どもに見せてあげると、子ども自身も勉強の大切さが理解できます。ただ「勉強は大切だから」「やらないと後悔するよ」など言葉だけで言っても伝わりません。

親として、**行動で勉強の大切さを見せる**ことが一番大切です。

もちろん、現在新たに資格取得する必要がない場合や勉強する時間が取れない場合、そもそも勉強をしていても子どもが寝てから勉強をしているためにその姿勢を見せることができない環境にいることもあると思います。

そのようなときは、**「子どもが勉強していること」に興味を示してください。**

この節で初めにお伝えしたように、子どもに質問を投げかけましょう。

そうすることで、子ども自身が学んできたことを伝えてくれます。伝えてきてくれたことに対して、「勉強になるな」「仕事先に詳しい人がいるから話してみよう」など、今の自分に結びつけた感想を言ってみてください。

すると、親の日常と自分の勉強から、勉強の付加価値を考えるきっかけになるはずです。

子どもは、多角的な視点を持っていて大人が気づかないような観察力や洞察力を持っています。

それは日々成長しています。一方で大人は、大人になればなるほど専門的な仕事となり、人間関係も限られていく傾向にあります。子どもたちは、日々学校で4〜5科目の多様な科目を学び、幅広い知識を吸収しています。

この広い視野がベースとなった会話の中で「なぜ?」「どうして?」という疑問が出たら、**尊重して一緒に答えを探る姿勢を持つ**ことで、子どもは自然と知識を得て、世の中についても学ぶことができるでしょう。

子どものタイプ別の接し方

子どもたちは皆、「勉強しなければならない」という認識を持っていますが、なかなか実際の行動には移せないものです。
効果的な学習支援には、**子どもの性格特性に合わせたアプローチが重要**です。
私は約18年間の指導経験で3000人以上の親子と関わる中で、子どもの特性を主に3つのタイプに分類できると考えています。

① 成功したい子

賞賛のために努力できるタイプです。
目標達成のプロセスが明確に示されれば、途端に本気で取り組む傾向があります。

このタイプは、実利的で成功志向が強く、自分の価値を他者からの評価に求める傾向があります。社会人になってからも目標実現のために、ハードに働くでしょう。

自分の価値を信じ、より良い自分になるための努力を惜しみません。

明確な目標があれば大きな成果を上げることができ、周囲の協力者のやる気も引き出せます。

自信に裏打ちされたプレゼンテーション能力の高さも特徴です。

一方で、競争心や上昇志向が強いため、時として他者への態度が横柄になることがあります。

成功した自己イメージにこだわるあまり、素直な感情表現や親密な関係構築が難しい面もあります。

成果が思うように出ないときは、内面の空虚感に悩まされることもあるでしょう。

このタイプには、**結果を大いに褒めることが効果的**です。

些細な成功でも大げさなくらいに評価してあげることで、さらなる成長へのモチベーションを引き出せます。

② 人の役に立ちたい子

競争心をあおる環境には不向きなタイプです。課題が整理され、明確になると成績が上がる傾向があります。

このタイプは、人とのつながりを大切にし、思いやりがあり、面倒見がいい性格です。贈り物をする場合は、相手にもっともふさわしいものを探し出すのが得意でしょう。自分は、愛される価値のない人間だと思うことをもっとも恐れ、無条件に愛されたいと願っています。

心身ともに健康な状態では、見返りを求めることなく、真に寛大な「与える人」です。

しかし、時に自分勝手な「思いやりマニュアル」にしたがって、相手の実際のニーズを確かめることなく、援助しようとします。

そしておせっかいになり、自己犠牲を払って恩を売り、所有欲が強くなります。

自分自身の問題や、相手のニーズを認識することができなくなり、自分自身も援助を受けることが苦手になります。

「自分は大丈夫」と答えがちで、さらなる自己犠牲を払います。

自分の親切が思ったように評価されない場合、相手を敵視し、強く非難することもあります。

そして、人が自分から去ることのないよう、強迫的に愛を求めることもあるでしょう。

ストレスは、心理的問題よりも身体症状として出やすい傾向にあります。最終的には心身共に消耗し、人に面倒を見てもらわざるを得なくなることが多いです。

このタイプには、**叱責を控え、競争をあおらない環境づくりが大切**です。

③ マイペースな子

学校や塾のペースにとらわれず、自分のリズムで学習を進めることで大きな成長を見せるタイプです。

穏やかで、人に安心感を与え、気持ちを和ませる魅力があるタイプともいえます。

人から見捨てられることを恐れ、平和や快適であること、また、一体感を好みます。平和で安定した心を持っていて、周囲がもめている場合は、公平な立場で辛抱強く仲裁に入ることができます。

想像力に富み、楽観的なビジョンを持っています。

時に、頑固なまでに現状維持にこだわることがあります。

自分は成長するに値しないと思いがちで、変化へ向けての積極的な行動を起こせないこともあります。

怒りや不満は直接表現せずに、暗黙の抵抗で示しアピールします。

精神が弱ったときは、周りの人から気持ちが離れ、問題に直面することなく、自分を麻痺させて、心地良い空想や嗜癖《しへき》、フテ寝などに走るでしょう。

やがて抑うつ的になり、無感覚に陥ります。

このタイプには、焦らせることなく、**個人のペースを尊重する**ことが重要です。「遅い」「怠けている」といった否定的な言葉は避け、長期的な視点で成長を見守りましょう。

また、タイプ別の接し方でエニアグラムという考え方があります。エニアグラムは9つの性格タイプに人の性格や特徴を分類する性格診断のようなものです。

エニアグラムのタイプごとに、特有の価値観や行動に基づき、効果的な声かけや避けたほうがいい言葉が異なります。各タイプに適した声かけ（言っていいこと）と、避けるべき声かけ（言っちゃいけないこと）について具体的に紹介します。

タイプ1　改革する人（戦士）

正義感が強く、規律を大切にし、完璧を目指す性格です。このようなタイプには、誠実であることを示し、意見を尊重することが大切です。

【言っていい声かけ】

「あなたの考えや正義感は素晴らしいね。とても丁寧に考え抜いているね」

「いつも規律を大切にしているのは本当に尊敬するよ。あなたのおかげでみんな助かっているね」

【言っちゃいけない声かけ】

「そんなに細かく気にしなくてもいいんじゃない？」

「完璧じゃなくてもいいから、ちょっと手を抜いてみたら？」

【詳しい接し方】

「毎日30分勉強する」など、明確で達成可能な目標を設定するとやる気が引き出せます。ミスを指摘する際は優しく、「少しずつ上達するのが大切だよ」と安心させ、学びのチャンスとして前向きに伝えましょう。また褒める際は、「ここがよくできたね」「工夫したところがいいね」など建設的なフィードバックを与えることで、自信を持ちやすくなります。

タイプ2　助ける人（ヒーラー）

他者への献身的なサポートを重視する人といえます。このようなタイプには、助けを受けたことを伝え、感謝の気持ちを示すことが大切です。

【言っていい声かけ】

「あなたのサポートには本当に助けられているよ。ありがとう」

「あなたがしてくれることはみんなにとってとても大切だよ。とても感謝している」

【言っちゃいけない声かけ】

「私のことばかり気にしないで」

「そんなに人のことを気にしなくても大丈夫だよ」

【詳しい接し方】

「あなたが理解したことを他の人に教えてあげると喜ばれるよ」と、他人を助けることが学習の一環になるようにすると効果的です。勉強を頑張っている姿勢に感謝を伝えることで、勉強が誰かの役に立っていると感じ、前向きに取り組みやすくなります。また、親や友人と一緒に学ぶ機会を設けると、楽しく集中して勉強に取り組みます。

タイプ3　達成する人（ヒーロー）

成果を重視し、効率的に行動する人といえます。このようなタイプには、成果をしっかり評価し、目標達成に役立つフィードバックを提供することが大切です。

【言っていい声かけ】

「あなたの努力と成果は素晴らしい。目標に向かって全力で取り組んでいるね」

「しっかり結果を出せるところがあなたの強みだね。とても尊敬している」

【言っちゃいけない声かけ】

「結果ばかりにこだわらないほうがいいんじゃない？」

「そんなに頑張らなくても、みんな同じだよ」

【詳しい接し方】

「この問題集を1週間で終わらせよう」など、明確な目標を設定し、達成感を味わえるようにします。ステッカーやポイント表など、進捗を視覚的に確認できるようにするとモチベーションが上がります。また、努力や成果に対して具体的に褒めると、さらに次の目標に挑戦する意欲を引き出せるでしょう。

タイプ4　個性的な人（魔法使い）

自己表現を大切にし、感受性が豊かな人といえます。共感しつつ個性を尊重し、自由な発想をサポートすることが大切です。

【言っていい声かけ】

「あなたの個性は本当に魅力的で、素晴らしいね」

「独特な視点を持っていて、あなたにしかできない表現がとても素敵だよ」

【言っちゃいけない声かけ】

「そんなことを考えるのは、変わっているね」

「他の人に合わせたらどう?」

【詳しい接し方】

物語を使った学習、音楽を聴きながら勉強など、創造的な勉強法を取り入れると良いです。そして、「君らしい考え方が面白いね」といった言葉で、個性を尊重することが大切です。また、描いた絵や書いた文章など、学んだことを作品として発表する機会をつくると、自己表現欲が満たされる傾向があります。

タイプ5　調査する人（賢者）

知識探求が好きで、独立心が強い人といえます。論理的な会話を重視し、質問に答えるスペースを与えることが大切です。

【言っていい声かけ】

「あなたの知識や考え方にはいつも驚かされるよ。素晴らしい探究心だね」

「考え抜かれた答えを持っているね。じっくり考えてくれてありがとう」

【言っちゃいけない声かけ】

「そんなことにこだわらなくていいんじゃない？」

「とにかく早く答えを出して」

【詳しい接し方】

興味を持ったことを自由に調べたり、探求したりする機会を与えてあげます。質問をする際は、即答を求めるのではなく、考える時間を尊重することで、理解が深まります。また、図鑑や辞書など、追加のリソースを渡し、自主的に調べて学べるようにサポートします。

タイプ6　忠実な人（聖職者）

信頼関係を重視し、安定を求める人といえます。信頼を示し、不安を感じている場合には安心感を与えることが大切です。

【言っていい声かけ】

「あなたの信頼できる姿勢は本当に心強いよ。安心して任せられる」

「しっかりサポートしてくれているから、何も心配いらないよ」

【言っちゃいけない声かけ】

「そんなに心配しないで、何とかなるよ」

「不安なことを考えすぎなんじゃない？」

【詳しい接し方】

「いつでもわからないことがあれば聞いてね」と、支援が得られることを伝え、安心感を持たせます。また、学習においては、一度に多くを求めるのではなく、小さなステップで一つひとつ進めると安心して取り組めるでしょう。「君ならできるよ」「頑張っている姿勢が素晴らしいね」と励ましの言葉をかけ、自信を持たせてあげることが大切です。

タイプ7　楽観的な人（冒険者）

楽しみや新しい体験を求める人といえます。ポジティブなエネルギーを共有し、退屈させないようにすることが大切です。

【言っていい声かけ】

「いつもポジティブなエネルギーをありがとう！　周りを明るくしてくれるね」

「楽しいことを見つけるのが本当に上手だね。そんなところが素敵だよ」

【言っちゃいけない声かけ】

「もっと真剣に考えたほうがいいよ」

「現実を見て、そんなに楽観的にならないほうがいい」

【詳しい接し方】

ゲームやクイズ形式で勉強したり、アクティビティを取り入れたりして、飽きさせない工夫をしましょう。さまざまな教材や学び方を用意し、学ぶことに飽きさせずに新鮮さを持ちながら学べるようにします。勉強時間は、長時間勉強するよりも、短時間で集中して学べるようにし、適度に休憩を挟むと効果的です。

タイプ8　挑戦する人（ボス）

自信があり、リーダーシップを発揮する人といえます。直接的で誠実なアプローチを取り、強さを尊重することが大切です。

【言っていい声かけ】

「強い意志は本当に頼もしい。リーダーシップを発揮してくれてありがとう」

「率直に話してくれてありがとう。あなたの強さにいつも助けられているよ」

【言っちゃいけない声かけ】

「強引にしないで」

「自分の意見を押し通すのはどうかな？」

【詳しい接し方】

「自分のやり方でやってみていいよ」と、自主性を尊重し、自由に取り組む機会を与えます。難しい問題やタイムトライアルなど、チャレンジ精神を刺激する課題を提供しましょう。また、率直で誠実なフィードバックを心がけ、「ここは良かった、ここは改善できる」と素直に伝えることで信頼関係が深まります。

タイプ9　平和を好む人（仙人）

調和を重視し、争いを避ける人といえます。穏やかな態度で接し、共感的に対応することが大切です。


【言っていい声かけ】

「穏やかな雰囲気をつくってくれて本当にありがたいよ」

「あなたのおかげで周りが和やかになるね。みんな感謝しているよ」

【言っちゃいけない声かけ】

「もっと自分の意見をはっきり言ったら？」

「何を考えているかわからないよ」

【詳しい接し方】

静かでリラックスした環境を整え、安心して勉強に集中できるようにしましょう。

「無理せず、少しずつ頑張ろうね」といった声かけが効果的といえます。無理にペースを速めず、本人のリズムに合わせて学習を進められるようにすることが大切です。

わが子はどのタイプに当てはまりそうでしょうか。

これらのタイプ分けは、あくまでも指針としてとらえ、お子様の学習支援に活用する際は、個々の特性に合わせて柔軟に対応することをおすすめします。

「勉強って面白い」が続かない子どもの特徴

勉強が面白いと感じながらも続かない子どもの特徴は、個人の能力というよりも、現代の教育環境が理由の場合が多いです。

現代の子どもたちは、学校に加えて塾や習い事を掛け持ちしており、知的好奇心を育む余裕が慢性的に不足しています。

本来、多くの子どもたちは好奇心旺盛で、学ぶことに興味を持っています。

しかし、現代の教育環境では、その興味を深く掘り下げる前に次の段階へと進んでしまいます。

学校や塾で「この問題面白いな。もっとやりたいな」と思っても、十分な時間をかけて理解を深めることなく、知識が定着する前に、よりレベルが高い内容へと移行してしまうのです。

これは、**芽生えかけた興味がところてんのように次々と押し流されていくような状況**だといえるでしょう。


特に問題なのは、学習内容が定着しないまま次の単元に進んでしまうことです。

確かに、スピーディーに学習を進められる優秀な子どもたちもいますが、私の長年の経験上、それは全体の1、2割程度の極少数だと断言できます。

学習塾の場合、この上位層の生徒向けに設計されたカリキュラムをすべての子どもに適用しようとする傾向があります。

結果として、大多数の子どもたちは理解が追いつかないまま新しい内容に進み、学習内容がザルのように抜け落ちていってしまいます。

さらに悪質な塾になると、授業内容についていけない子どもの親に対して、「この問題についていけないのは良くないことだ」と不安をあおり、「さらに予習・補習時間を設けましょう」と追加のサービスを売り込むこともあります。

子どもの性格や学習状況を十分に把握していない親は、これを鵜呑みにしてしまい、結果的に子どもをさらに忙しくしてしまう悪循環に陥ることがあります。

この状況を改善するためには、子どもたちに考える時間と心の余白を与えることが重要です。

学校の授業内容、塾の課題に限らず子どもが学習に行き詰まっていたら、すべての活動をいったん見直し、本当に必要なものだけを残すことを検討するべきです。

子どもが自分のペースで興味を追求できる環境を整えることが、持続的な学習意欲を育む鍵となるのです。

第1章のまとめ

- 「もっと知りたい、学びたい」という内発的な動機を育む
- 日常ですでに触れているものから学びのきっかけをつくる
- 肯定的に子どもの好奇心を広げていく
- 親自身が学ぶことを楽しむ姿勢を持つ
- 子どもが自分から進んで好奇心を持つための手助けをする
- 行動で勉強の大切さを見せる

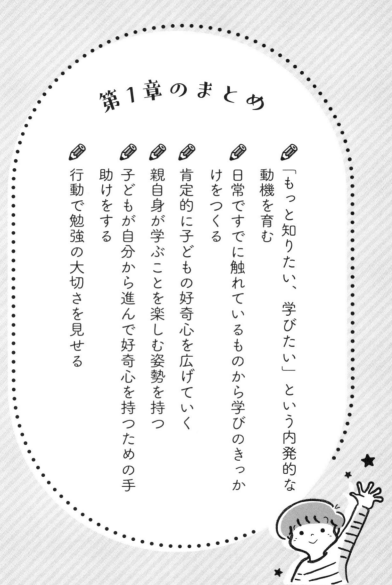

第2章

頭がいい子に育つ「学び習慣」

習慣へとつながる「成功体験」のつくり方

成功体験は、日常生活で親が子どもに対して適切な声かけをすることでつくれます。

重要なのは、**子どもと同じ目線に立って物事を見ること**です。

「すごいね」という単純な褒め言葉だと、子どもをあやしているようになるため**「すごいな」と感嘆の言葉を使う**と良いでしょう。

親と子どもは違うという考えではなく、同じ立ち位置で、まるで友達のような近い距離感で声かけをすることを意識してみてください。

この工夫で、子どもは自分の成長や努力が価値あるものだとうれしく感じることができます。

また、親が自身の経験を踏まえて、「私が、◯◯（名前）と同い年のときはこの問題全然できなかったよ。解けるなんてめっちゃすごいな」といった**具体的な言葉かけをする**ことも効果的です。

大人としてではなく、自分が子どものときの感覚になって声をかけるのです。

これは、事実でなくても構いません。

嘘も方便の領域で、**子どもとのコミュニケーションにおいては、時には「アホになる」ことも重要**です。関西のお笑い文化に見られるように、ボケ役を演じるには実は高度な知性が必要です。親は、常に正論を述べるのではなく、時に子どもに**「勝たせる」ことで、子どもの自信を育むことができます。**

これは、子どもの成長を認め、励ますことにもなる巧妙な方法なのです。

もしかしたら、親御さんの中には性格上ボケ役を演じるのが難しいと感じる人もいるかもしれません。

しかし、重要性を理解して心の器を広げるつもりで試してみると徐々にできるようになります。

避けるべき言葉かけもあります。

「なんでこれができないの？」

「もっとできたはずでしょ？」

このような否定的な言葉は、子どもを傷つけます。

さらに「自分はできないんだ」という思い込みを強め、コンプレックスを生む危険性があります。常に、**「できないこと」よりも、「できたこと」を具体的に褒める**ように心がけておきましょう。

「なんでできないの？」から「どうしたらできるのか」を一緒に考える

子どもの学習において、「なぜできないのか」と疑問に思ったら、**「どうすればできるようになるか」という建設的な思考に切り替える習慣**を身につけましょう。

この小さな意識の変化が、子どもを責めることなく、前向きな学習環境をつくり出すことになります。

また、子どもの能力を「できない」と簡単に決めつけてしまうことは避けるべきです。**多くの親は、子どもの学習状況を正確に把握できていません。**

テストの点数だけでは、子どもの真の能力や努力を理解することは困難です。

正確な学習状況を把握するためには、**日々の学習過程を細かく観察し、管理することが重要**です。

単に塾に通わせるだけでは不十分です。
親自身も子どもの学習に積極的に関わり、どの部分でつまずいているのか、どの単元が苦手なのかを理解する必要があります。

特に注意が必要なのは、**小学校高学年での学習内容が急激に難しくなる**点です。
4年生までは基礎的な内容で対応ができても、5年生、6年生になると専門的な内容が増え、これまでの学習方法だけでは対応しきれなくなることがあります。
この時期に子どもの学習状況を把握していないと、突然の成績低下に驚き、「なぜできないの」という否定的な声かけをしてしまい、子どもの学習意欲を損なう可能性があります。

そこで重要になるのが、**「どうすればできるようになるか」という前向きな視点**です。

子どもができていない部分を責めるのではなく、なぜできないのか、どうすれば克服できるのかを**一緒に考える**ことが大切です。これは、子どもの自尊心を守りながら、問題解決能力を育てる効果的な方法となります。

自分だけでは解決策が見つからない場合は、学校や塾の先生からアドバイスを求めるのも有効な手段です。

解決策が見つからないことに焦ることなく、人に助けを求めてもいいと良い意味で開き直ることが親には大切といえます。

しかし、学校や塾に子どもを預けているとはいえ、あくまで自分の子どもなのです。

親として抱え込まずに周りに協力を求めながら、子どもと一緒に考えていきましょう。

さらに、**子どもの成長を長期的な視点でとらえる**ことも重要です。

一時的な成績の変動に一喜一憂するのではなく、子どもの全体的な成長過程に注目しましょう。

時には、成績が下がることも学習プロセスの一部であり、「挽回するぞ」という意欲が生まれて新たな気づきや学びが生まれる可能性があります。

たとえば、範囲の決まった週テストや組み分けテストの成績が思わしくなくても、それが単に苦手分野の問題が多く出題されたためかもしれません。

そのような場合、期末テストでの挽回を目指して「どうすれば改善できるか」を考えることが賢明です。

このように、**常に前向きで建設的な姿勢で接することが子どもの学び習慣を育む**ために重要です。

「できない」ではなく「できていること」にフォーカスする

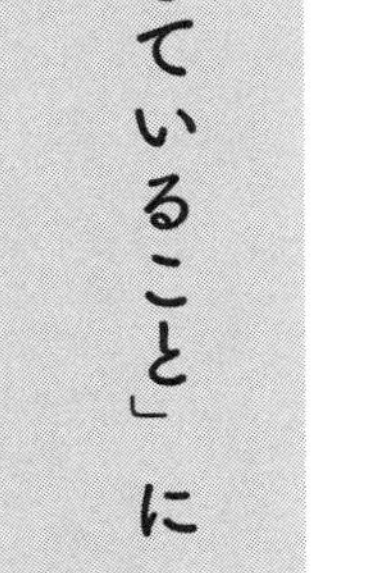

子どものテストの点数が「70点」だった場合、読者の皆さんはどんなことを思うでしょうか。また、自分が子どもの頃どんな言葉を親にかけられたでしょうか。

もしかしたら

「あと30点取れば満点で惜しかったね！」

「どこを間違えたの？」

「満点じゃなかったね」

といった、「できない」にフォーカスした言葉ではないでしょうか。

多くの親は、生真面目で完璧主義的な傾向があります。

子どもが１００％達成しないと「できている」と評価しないと考えてしまう傾向が強いのです。

しかし、教育の専門家の視点からすると、**60％程度できていれば、それは大きな進歩ととらえる**ことができます。

中学受験においても、試験の60％の得点で合格できる場合が多いことを考えれば、**必ずしも満点を取る必要はない**のです。

この事実が、より多くの親に理解されることを切に願っています。

常に「できない」ことに注目していると、子どもも親も精神的に疲弊してしまいます。学習のサポートは長期戦です。

できないことにフォーカスしたアプローチは効果的とはいえません。

「できない」ではなく**「できている」にフォーカスする**ということは、たとえば、子どもが解けない問題に遭遇した場合、そこにこだわり続けるのではなく、次のように考えるのです。

「この問題は苦手なようだね。別の問題に挑戦してみよう」
「算数が苦手なら、得意な国語で一学年上の問題に挑戦して、算数の分をカバーしよう」

このような柔軟な対応は、決して学習から「逃げている」わけではありません。複数の選択肢を設け、**あみだくじ的にアプローチを試みながら、最終的に目標に到達する方法**なのです。

親が共感できるのは、大学受験だと思います。順番に問題を解くのではなく、いったん全体の問題を見てから、時間配分を意識しながら試験に挑んだ経験があると思います。

仮に受験経験がない方でも、仕事をする際に時間を意識しながら、「時間がかからずにすぐにできる仕事」「時間はかなり要するができる仕事」「一人ではできず、誰かの力が必要な仕事」など振り分けて、日々仕事をこなしていると思います。

また、専業主婦のお母さんが一番時間配分を意識していると言っても過言ではありません。

朝起きてからの日々の家事。洗濯、掃除、献立、スーパーのお買い得品の買い出しなど、今何をして、何を後回しにして、何をできないと判断して今やらないか、など「今できる」ことに焦点を当て、行動しています。

つまり、大人は**捨てる勇気**を日々選択していますし、それが大切だと意識的でないにしても行っているのです。この捨てる勇気は、あきらめるということではありません。「今できる」最善の選択をしているということです。

大人になって大切になる捨てる勇気を子どものうちから身につけておけば、視野を広く持つ大人になれると思います。

「できないものをできるまで頑張る」以外にも選択肢があると認識することで、より建設的な学習サポートが可能になるのです。

「できない」ことではなく「できていること」にフォーカスする思考にシフトする

ことは、子どもの健康的で満足度の高い学習を実現するための重要なコツといえるでしょう。

さらに、子どもの頃から「できない」ことにこだわるのでなく「できていること」にフォーカスするという価値観を知り、柔軟に対応できるようになれば、社会人になっても大いに役立ちます。

本書の冒頭で解説した、**困難な状況を突破するサバイバルスキルを持つという真の意味で「頭のいい子」に育つ**でしょう。

この考え方は、単に学業成績を向上させるだけでなく、子どもの自信を育み、生涯にわたる学習意欲と問題解決能力を養うことにつながります。

それは、**変化の激しい現代社会を生き抜くための重要なスキルとなる**のです。

成功体験を見える化する

成功体験をつくるとき、親の声かけの姿勢やどんな言葉を投げかけるかということも重要ですが、同じく重要なことは、**子ども自身が主体的に成功体験を積み重ねていく**ことです。

あくまでも、親は子どもの成功体験をサポートする側という姿勢に徹しましょう。

教育熱心な親御さんは、子どもに自信をつけさせるために

「算数が苦手だから、今日は問題をいっぱい解こうね」

「来週テストがあるから、今日は復習をしよう」

など、子どもの学習計画を親がつくってしまうケースがあります。

しかし、常に親が学習計画を率先してつくってしまうと、子ども自身が考え、自立する力の養う機会を奪ってしまう可能性があります。

〝子どもに任せてみる〟ことも大事なのです。

基本的に子どもは、他者から指示されて行動を起こすときに「言われたからやる」という強制的な感覚を持ちます。

それよりも

「いつも算数が苦手って言っているから、計算問題を何個か解いてみる？」

「テスト勉強、何から始めようか。前回はどうだったかな？」

など、問いかけると、**子どもが自ら自分の学習状況を振り返って計画を立てやすくなります。**

このときに

「計算問題苦手だけど、やってみる！」

「次回のテストは、好きな英語で満点取りたいから、英語からやりたい！」

など、**子どもが意思決定するまで会話をする**ことが重要です。

子どもが自分で決めることで責任感が芽生え、一貫性を持つために自ら意欲的に行動していこうとします。

自分には、「**自分で決めたことをやり遂げる力**」があると子どもが自分自身で自覚することが、成功体験となり、自信につながります。このプロセスがスムーズに進めば、習慣にもなりやすいです。

親は、子どもがした行動に対して

「自分で考えて、苦手な問題を解いたんだね！　偉いね」

「そんなに英語が好きなんだね！　いいね！」

などの言葉で子どもの努力を讃えましょう。

さらに、問題を解いたノートや、宿題ノートには、努力を承認する意味で子どもの好きなキャラクターのシールを貼ると視覚的な満足感が得られ、やりがいも感じやすいです。この記録方法が「**成功体験を見える化する**」ということです。

この記録は、オンライン上のデジタルデータではなく、アナログで手書きのほうが効果的です。このノートがたまればたまるほど、**努力の証しとなり、「自分はこんなに頑張れたんだ」という自信を育むアイテム**となります。

子どもの学習意欲を盛り上げるために「この宿題を頑張ったら、新しいゲーム機買ってあげる！」など、モノを購入し、勉強意欲をご褒美で釣るというご家庭もあります。

これは、子どもが目の前にニンジンをぶらさげられた馬のような状態となり、やる気になり良い結果を出すこともありますが、どんどん報酬がエスカレートしがちなので要注意です。

家庭でできるカンタン成功体験

家庭でできる簡単な成功体験の積み方をいくつかご紹介します。

まず、**現在の学年より2年前の問題に取り組む**ことをおすすめします。

たとえば、小学6年生なら4年生の問題を解いてみるのです。小学5、6年生になると急激に学習内容が難しくなるため、子どもが自信をなくしやすい時期です。

2年前であれば、スムーズに解決できることが多く、自信を取り戻すきっかけとなります。

また、**自分の理解度や、理解している範囲の境界線も認識できて、学習の突破口が見つけやすくなります。**

次に、家庭学習で学校や塾の宿題がわからない場合は、先に解答や解説を確認する方法もあります。

特に塾の問題は、学校で未習の内容を含むことが多いため、自力で考えるのが難しい場合があります。

解き方を知らないものは解けないので、まず解答や解説を理解してから問題に取り組むのです。

これにより、**問題を解く〝流れ〟と〝解き方〟がわかりやすくなります。**

ポイントなのは、問題の解答や解説を確認しても、理解できない子どもがほとんどという点です。

それくらい学習塾の問題は学校の問題よりも進んでいる場合が多いのです。

そのような場合は、**問題の解決方法や考え方を、繰り返し確認することで理解が定着**します。

真面目な親御さんは、自分が子どもの頃はできない問題をできるまで取り組んだ経験があるため、この方法を「ズル」と考えてしまう人もいるかもしれません。

しかし、今の学習塾の学習内容は特殊です。

学習塾の言われた通りに課題に取り組んでも6～7割の子どもが問題を解けないのが現状なのです。

そのため、先にカラクリを知っておくという**「裏ワザ」は学習効率を高めるのに効果的**です。

時代とともに学習内容も変化しているため、親世代とは異なる学習方法が必要だということを理解しておきましょう。


また、テキストだけでなく、**YouTubeなどの解説動画を活用する**のも良い方法です。

今の子どもたちは視覚的な情報と接する機会が多いため、動画からより深く理解できる可能性があります。

さらに、**子どもが教える側になる**のも良い経験です。

理解した内容を、子ども自身が先生となり家族や友人に教えるのです。

教わる側から教える側に回ることで、単に自信がつくだけでなく、理解したことを人に解説する際に使われる言語化能力が身につき、どのように伝えるかという表現力が養われます。

最後に、目に見える「資格所得」に挑戦するのも大きな自信につながると思います。

たとえば英語が得意な子の場合、「実用英語技能検定（英検）」にチャレンジするのも良いでしょう。「日本漢字能力検定（漢検）」や「実用数学技能検定（数検）」などもありますし、「ジュニア・プログラミング検定」や「タイピング技能検定」など大人になってからも困らない技術を学ぶことができます。

他にも、勉強には関係ないと思われる「アマチュア無線技士」や「境港妖怪検定」「ねこ検定」など面白い検定もあります。

このような資格取得できる検定などのパンフレットを子どもに見せると、自分自身で学びたいという意欲が出てくるかもしれません。

勉強は、必ずしも試験の数字だけが表す結果ではありません。**学ぶ大切さを知っている子どもは大人になり、わからない事象や状況にぶつかった際に、自分で果敢に挑戦できる**ようになります。

そのため、学校や受験などの試験だけの勉強にとらわれることなく、「学ぶこと」で得られる成功体験を味わわせてあげてください。

自分の知識、能力を形に残すことで大きな自信がつきます。

学び習慣が未来へとつながる親の問いかけ

「なんで宿題やってないの？」
「なんでこの問題解けないの？」
「なんでテストの点数が悪かったの？」

このように、日々子どもに対して、「なんで」と、子どもを責めるような言葉を投げかけていないでしょうか。

「こんなキツイ言い方はしないようにしている」と気をつけている人でも、子どもの成長を見守る中、つい「なんで」と口にしてしまうことがあります。

反抗期の子どもに対しては、コミュニケーションが困難になることもあります。

子どもが「親を困らせたい」「親の嫌な顔が見たい」と感じ、予想外な行動に出ることもあります。

このような際には、**親が感情的にならずに対応する**ことが重要です。

特に、子どもと過ごす時間が多いお母さんのほうがネガティブな言葉を発する傾向があります。

お母さんには、決して悪気はなく子どもを想うあまり出る言葉ですが、子どもの心に大きな影響を与えてしまいます。

ほとんどの人は、自分が普段どのような言葉を発する傾向にあるのか、正確には理解できていません。

そのため、ボイスレコーダーを一日ポケットに入れて、自分の言葉を記録して聞き直す指導をすることもあります。

自覚がなくても、意外とネガティブな言葉を発している人は多いのです。自分がネガティブなことを言っている事実を目の当たりにできれば、反省することができます。

そして、ネガティブな言葉を極力発しないように、と私は親御さんにお願いしています。

これは、子どものためだけではなく、同時に親自身にもメリットがあるのです。脳は耳に入ってくる情報を処理するため、ネガティブな言葉を発することは、話し手自身にもネガティブな影響を与えます。

毎日、子どもにネガティブな言葉をかけ続けると家庭内の環境も悪くなってしまいます。これでは、親子関係も悪くなってしまうかもしれません。

感情が高ぶったときは、深呼吸をして10秒数えてみましょう。

そのあとに**冷静になった状態で、伝えたいことを明確にする**のです。

伝え方も工夫して、会話だけでなく手紙やLINEなどで文字にして伝えるのも良い方法です。自分が伝えたいことを文字にすれば、見返すことでネガティブな言葉を避けられるようになります。

また、親が伝えたいことを文字にした最後の文章に「いつも頑張っているね」など温かい言葉を添えて送るのもいいでしょう。

大人よりも感情をコントロールすることが子どもは難しいです。

親に言われた通り、やらないといけないと理解していたとしても、認められていない悲しさや毎回同じことを言われる苛立ちなどの感情に子どもはとても流されやすいといえます。素直に親の助言が頭に入りづらいということです。

そのため、親は伝えたいことのあとに、「いつも頑張っているね」など、子どもの努力を認めているような言葉を伝えてあげましょう。

理想的な学習環境を用意する前に、優先してほしいことは良好な親子関係と心身ともに健康的な状態です。

ネガティブな言葉の使用を意識的に控え、ポジティブでサポート的な言葉がけを行いましょう。

親が勉強の大切さを理解しているか

親御さんは子どもに「勉強しなさい」と言いがちですが、私たち親が「子どもが勉強する」ということの、本質的な意味を理解しているでしょうか。

私は勉強の本質的な意味は5つあるととらえています。

1．広い視野を得るため

勉強とは、新しい知識や考え方に触れることで視野を広げていく営みです。

先生の話や、教科書を通じて得られる知識は、子どもたちの世界観を豊かにし、**物事を多角的に見る力**を養います。現代社会では、グローバル化が進み、多様な価値観が共存する中で、広い視野を持つことがますます重要になっています。

勉強を通じて得られる幅広い知識は、子どもたちが将来、さまざまな場面で適切な判断を下すための基礎となります。

2.生きる力（サバイブ）を身につけるため

現代社会は急速に変化し、予測不可能な課題が次々と現れます。

このような時代を生き抜くには、**単なる暗記や知識の蓄積ではなく、学んだことを実践的に活用できる力**が必要です。勉強を通じて培われる論理的思考力や問題解決能力は、まさに「サバイブする力」の基礎となります。

特に、課題に直面したときに、既存の知識を応用して解決策を見いだす力は、これからの時代を生き抜くうえで不可欠です。

3.選択肢を増やすため

良質な教育を受け、しっかりと勉強することは、将来の選択肢を広げることにつながります。

これは単に良い学校や企業に入るためだけではありません。**知識や考える力を身につけることで、人生のさまざまな場面で自分の意思で選択できる機会が増えます。**経済的な自立はもちろん、自分の興味や関心に基づいてキャリアを選択できる可能性も広がります。

選択肢が多いということは、それだけ自由度が高く、充実した人生を送れる可能性が高まることを意味します。

4．思考力と表現力を養うため

現代の教育では、単なる知識の暗記ではなく、「**どう考え、どう表現するか**」という力が重視されています。

勉強を通じて養われる思考力や表現力は、社会に出てからも重要な役割を果たします。

自分の考えを論理的に組み立て、それを他者にわかりやすく伝える力は、どのような職業や立場でも必要とされる基本的なスキルです。

5．新しい経験を得るため

勉強は新しい発見や経験の宝庫です。教科書を通じて、直接体験できない世界や時代について学び、想像力を養うことができます。また、勉強の過程で経験する「わかった！」という喜びや、努力が実を結んだときの達成感は、子どもの自信につながる貴重な経験となります。

これらの経験は、**将来の学習意欲や挑戦する勇気の源**となります。

このように、勉強の意義は単なる学力向上や受験対策にとどまりません。

親は、これらの本質的な価値を理解したうえで、子どもの教育に向き合う必要があります。それは、**子どもたちが将来、自立した個人として豊かな人生を送るための重要な土台**となるのです。

第2章のまとめ

- 「すごいな」と感嘆の言葉を使う
- 「どうすればできるようになるか」建設的な思考に切り替える
- 「できている」ことにフォーカスする
- 子どもに任せてみる
- 現在の学年より2年前の問題に取り組む
- 子どもたちが豊かな人生を送るための重要な土台をつくる

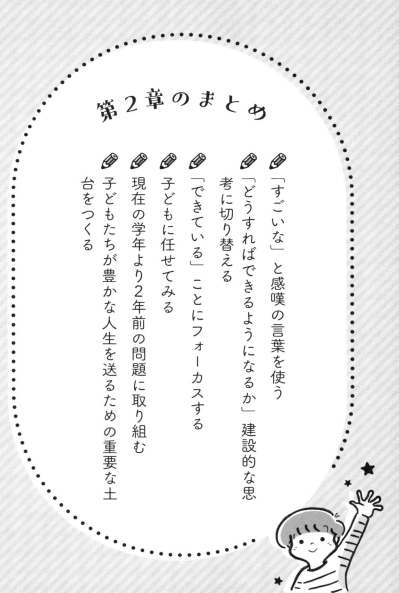

第3章

注意!!「学び習慣」を止めてしまう親の言動

楽しかった勉強がキライになる理由

小学5、6年生になると中学受験を対象にした大手塾の学習内容が急激に難しくなります。

この時期、多くの子どもたちが自信を失い、同時に勉強そのものをキライになってしまうことがあります。

その主な理由の一つは、**子ども一人ひとりの理解度に合わせた学習内容や学習カリキュラムが提供されていない**ことにあります。

4年生までのレベルを十分に理解できていないまま次の単元に進み、新しい課題に挑戦するものの理解できない。このような経験の積み重ねが、子どもの自信を失わせ、勉強への苦手意識を生むことになっているのです。

しかし、これは学校や塾といった集団学習の環境では、一定のペースで進まざるを得ない以上、ある程度避けられない問題でもあります。

このような状況下で、ご家庭で特に注意していただきたいことがあります。

「友達の〇〇ちゃんはできているのになんでできないの？」

「〇〇（兄弟姉妹の名前）は、よくできているよね」

「みんなできているのになんで、あなただけできないの？」

親がしてはいけない声かけは、他者との比較による評価の声かけです。

このような声かけは、子どもの苦手意識をさらに増幅させ、心を閉ざしてしまう原因となり、性格形成にまで悪影響を及ぼす危険性があります。

そうではなく、子どもの存在そのものを認め、その子なりの成長を評価することが重要です。**他人との比較ではなく、その子自身の成長の過程を褒め、認めていくことが大切なのです。**

また、子どもが行き詰まったときこそ、**過去の成功体験を思い出させ、「できる」という感覚を呼び起こすことが効果的**です。

知識を得る喜びや、問題が解けたときの快感を思い出すことで、実は自分は勉強がキライではなかったことに気づくきっかけとなります。

このように、親の適切な関わり方によって、子どもの学習意欲は途切れながらもつないでいくことができます。

勉強ギライになってしまっても軌道修正は十分に可能なのです。

そのためには、**子どもの日々の学習の進捗状況や個性をしっかりと理解しておく**必要があります。

学校や塾に頼りきりにせず、家庭でのサポートを大切にしていきましょう。

9割の親がやってしまう「学び習慣」を止める3つの過ち

子どもの学習をサポートする中で、良かれと思ってした行動が、逆効果になってしまうこともあります。

やってしまいがちな主な３つの過ちについて解説します。

よくある過ち① 勉強中に口を挟む

自分が趣味に没頭しているときに「それをやめてこちらを手伝って」と声をかけられると、気分が萎えてしまうものです。

同じように、子どもが集中して問題を解いているときに「そのやり方は違うよ」と指摘することは、子どもにイライラや挫折感を与えかねません。

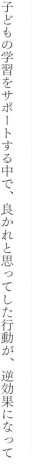

宿題を一緒にやるときは、たとえ子どもが間違った方法で解いていても、まずは納得いくまで考えさせましょう。そのあとで「こういうやり方もあるね」と穏やかに提案するほうが、より効果的です。

よくある過ち② 勉強を強制する

子どもは「楽しい！」と感じたことには自発的に取り組むものです。

しかし、これまで楽しいと感じていたことでも、強制されると途端に興味を失ってしまいます。

大切なのは、これまで解説してきたように、**子どもの好奇心を刺激し、自然と勉強に意識が向くように導いていく**ことです。このとき「宿題をやったらゲーム機を買ってあげる」といった安易な報酬の提示はおすすめできません。

なぜなら、それは報酬がないと勉強をしなくなる依存的な関係を生みかねないからです。

よくある過ち③　クローズドクエスチョンの多用

クローズドクエスチョン（回答が限定される質問）の多用は、子どもの学習意欲を削ぐ原因となります。

たとえば「わかった？」という質問は、子どもが理解できていない場合でも、素直に「わからない」と答えにくいものです。それは、そう答えることで親を怒らせたり、がっかりさせたりしてしまうのではないかと、子どもなりに気を遣ってしまうからです。

素直に答えられない子どもは「わかった」と嘘をつく可能性があります。

そして、その嘘を取り繕うために、カンニングをしたり、さらなる嘘をついたりしてしまうという悪循環に陥ることもあります。**子どもの理解度を把握したい場合は、「説明してみて」といったオープンクエスチョン**（自由に答えられる質問）を用いることをおすすめします。そうすることで、子どもの本当の理解度を正確に把握することができ、より適切なサポートが可能となるでしょう。

親のやってはいけない褒め方と叱り方

親が子どもを叱りたくなるときは、たいてい「宿題をしなさい」と言ったのにやらなかったなど、子どもが勉強をしないときです。

さらに言うと、〝自分の言うことを聞かなかったとき〟です。

自分の言うとおりにしなかったとき、頭を悩ませるかもしれませんが、**そもそも子どもは言ったとおりに動かない生き物**です。

特に、男の子は〝楽しいこと〟を何より優先する生き物です。自分はずっと『週刊少年ジャンプ』の主人公でいる感覚があります。**〝男の子はそういうもの〟ととらえて、予想外な行動をしたとしても気に病む必要はありません。**

女の子の場合は、基本的にはプリンセスなので価値観の共有が必要となります。

5、6年生ぐらいの年齢の女の子は、感受性が豊かで、少しずつ自己を確立しようとする時期です。男の子が「ヒーロー感覚」や「楽しいこと」に全力で向かう傾向があるのに対し、どちらかというと「誰かと一緒にいる楽しさ」を重視し、細やかな心の動きを共有したがることが多いです。

また、おしゃれや自分をどう見せるかに興味を持ち始める時期でもあり、ホルモンの変化などで時には親が理不尽に感じる行動を取ることもあります。そのため、正論よりも気持ちを受け止めてあげることが重要です。

女の子だからといって特別視しすぎる必要はありませんが、**共感や繊細さを大切にして、彼女たちの世界観を尊重する姿勢が鍵**になります。

親御さんは、言葉を完璧に理解できない3、4歳の子どもには寛容で、怒ることはありません。

しかし、小学校高学年になると途端に怒る傾向にあります。教育熱心な親御さんだと、学習塾に限らず何種類かの習い事を子どもに経験させて、教育に対してシリアスになりすぎてしまい子どもを許すことができなくなってしまうのです。

そして、以下のような言葉で子どもを叱ってしまいます。

「習い事にいくらかかっていると思っているの？」

「こんな時間をかけているのに全然成果が出てないじゃない」

「本気でやっているのか？」

「○○（友達の名前）くんより、点数が低いね」

これは、親の事情や感情を優先した叱り方で、子どもには響きません。

持論ですが「自分の理想通りの成果が出なかった」→「叱る」という選択肢の背景には、アニメの『サザエさん』が関係していると思います。波平がテストの点数が悪かったカツオを激しく叱り、カミナリを落とすシーンを、親が子どものときに見ていたというメディアの影響もあるのかもしれません。

親自身も無意識に、テストの点数が低いから叱る構図が頭の中でできていると考えられます。しかし、現実世界で**テストの点数が思わしくなかったときに激しく叱ることは逆効果**です。

代わりに、テストの点数が悪かったなら、**親と子が一緒になって、どこでつまず**

いているのか、復習して、対策することが建設的なアプローチとなります。

教育者の立場でいうと、〝子どものテストの点数が悪い〟という現象は、子どもの努力不足だけが原因ではありません。

その子の理解度に適していないテスト内容だったかもしれませんし、それは日々の家庭学習内容、取り組む時間などが不十分だったといえます。

なぜなら、**子どもが理解している範囲であれば、必ず問題は解ける**からです。

テストの点数が悪かったなら、必ずしも子どもに原因があるわけでなく親にも選択ミスをした可能性があります。

このときに、自分に対して感情的に怒っても埒《らち》が明きません。「次に向けてどうすれば良いか」を考え、実行する。これしか、現実を変える術はないのです。

子ども対しても同じように冷静に接すると良いでしょう。

時に、子どもは親よりも学校や塾の先生の言うことを聞くことがあります。

日々の学習過程を共有し、理解してくれる存在として認識しているからでしょう。

一方、親は往々にしてテストの点数だけで評価しがちです。

勉強しているということは、日々子どもなりに自分の限界に挑戦しているということです。昨日より難しい問題に挑戦したら、その段階で褒めるなど、**成長のプロセスに注目するほうが、子どもの健全な発達を促すことができます。**

以下の項目は、私の塾で各ご家庭にアドバイスしている「叱り方のNG例」です。**子どもの叱り方にはコツがある**ということがわかっていただけると思いますのでご参考ください。

過去を引き合いに出す叱り方

今まで穏やかに注意してきたのに、子どもが何度も同じことをするとやりがちな叱り方になります。

大人と子どもの時間感覚には、かなり開きがあるため過去を引き合いに出しても無意味です。**無理がありそうな子どもの意見でも、とりあえず受け止めましょう。**

過去ではなく、未来に意識を向けて粘り強く向き合いましょう。

価値観を否定する叱り方

幼稚園くらいになれば、子どもは自分なりの価値観を持ちます。

子どもの価値観は親と違って当たり前です。

この違いは、「令和」と「昭和」ぐらい違うと言っても過言ではありません。

もし、子どもの価値観に共感できないのであれば、否定するのではなく「そういう考えならこうなりそうだけど、どうだろう？」と意見を投げかけ、**子どもにもう一度考えるように促すと良い**です。子どもを尊重し、主体性を保ちつつ、現時点でのベストを一緒に考えていきましょう。

感情的に叱る

感情的に叱っているのは、時には効果的ですが注意が必要といえます。

大事に思えば思うほど感情的になるのは仕方のないことで、本気の気持ちが子どもに伝わるのです。しかし、大切なのは叱りっぱなしにしないことです。

感情的に叱ったあとに、冷静に考えを伝えたら、子どもは素直に話を聞いてくれます。

他人と比べる

誰かと比べると逆効果です。

お母さんはよく「よそはよそ、うちはうち」とは言うのに、成績面では安易に他者と比べてしまうのはよくあることです。**比べるなら、その子の「現在」と「過去」**です。おのずと、美点にフォーカスできるでしょう。

抽象的な叱り方

抽象的な指摘は、人格否定されたと認識されがちです。

どういう状況で、どういうことがダメなのか具体的に説明するようにしましょう。

言い方を工夫して、伝え方もいろいろなパターンを試すと、わが子に響くパターンが把握できます。

叱るときは7分以内
子どもが納得できるように言語化する

子どもを叱るとき、時間を区切ることは意外と重要です。

経験上、7分という時間は、子どもの心理を考慮した適切な時間だといえます。

なぜなら、10分以上叱り続けると、子どもは親の言葉に対して免疫ができてしまい、アニメの『ドラえもん』ののび太くんのように「早く終わらないかな」という思考に陥ってしまうからです。

効果的な叱り方のポイントは、感情的にならず、むしろニコニコしながら淡々と話を進めることです。

叱る際は、まず子ども自身に考えさせる質問から始めると良いでしょう。

「なんでここができなかったと思う？」

「なぜ今、叱られていると思う？」

このような**問いかけを通じて、子どもに自分の行動を振り返る機会を与えます。**

この問いかけに対して、子どもから具体的な答えが返ってこない場合、叱るのをやめましょう。

自分がなぜ怒られているのか理解していない状態で叱り続けると、子どもは理不尽さを感じ、反発心や恐怖心を感じるからです。

まずは**状況を棚卸して考え、子どもに自分の行動を理解させる**ことから始めましょう。


子どもは、自分は間違った行動をしたから叱られているのだと理解できていないと、自分そのものが否定されたような気持ちになります。

叱る際は、人格否定にならないように具体的な行動に焦点を当て、その行動の何が問題なのかを明確に伝えましょう。

そうすることで子どもは自分の何を直せば良いのかがわかり、前向きに改善に取り組むことができます。

また、**親の感情を代弁して説明する**ことも効果的です。

たとえば「お母さんが怒っているように見えるけど、本当は怒りたくて怒っているわけじゃないんだよ。テスト前だからお母さんは心配なんだよ」というように、親の気持ちを子どもにわかりやすく伝えることで、親子の心の距離を縮めることができます。

つまり、**親自身が何に関して叱っているのか、しっかり言語化して子どもに伝えてあげることが大切**なのです。

同時に、**子どもの気持ちも代弁してあげましょう。**

「宿題を嫌がっているわけじゃなくて、問題がわからないと言えなかった部分もあるんだよね」といった具合に、子どもの立場に立って気持ちを代弁することで、子どもは理解してもらえている実感を得ることができます。

子どもが漠然と感じていることを言葉にしてあげると、「お母さんは僕のことわかってくれている」「お父さんは私のこと理解しようとしてくれている」など、より親子間の関係が強固になるはずです。

7分という時間制限には、もう一つ重要な意味があります。

それは**親自身の感情のコントロール**です。

長時間叱り続けると、同じ話をただ繰り返すだけの感情的な説教になりがちです。

叱ることは親自身の精神的な負担にもなるので、やりすぎは禁物なのです。

大人の謝る勇気で子は育つ

感情的になって子どもを叱ってしまったあと、「言いすぎてごめんね」と素直に謝ることは、決して親の威厳を損なうものではありません。

むしろ、**自分の過ちを認められる大人の姿は、子どもに重要な学びと信頼感を与えます。**

「許す」という行動は、勇気と大きなエネルギーを使う行為です。

言い合いになった際に、ずっと言い合うことは相手も自分も対等な立場ですが、「許す」場合、相手より一つ上の立場から相手を受け止めることになります。

相手にエネルギーを使うということは愛情がないとできないことですから、愛情

の具現化といえるでしょう。

たとえば、塾の宿題に取り組むという約束をして、実際に子どもがやらなかった場合、まず「なんでできなかったのかな？　何か大変なことがあったの？」と聞いてみましょう。

そして、もし宿題の内容が難しすぎるなど課題の出し方に問題があったと気づいたならば、「宿題の出し方が適切じゃなかったね。ごめんね」と素直に謝るのです。

そうすると子どもは「いいよ」と言いやすくなります。

このような対話は、**子どもの心を開き、より良い親子関係を築くきっかけとなります**。親子間で、常に正しさを振りかざすよりも、必要なときには**素直に謝罪できるほうが信頼を得やすい**のです。

完璧な親などいません。

特に初めての子育ての場合、試行錯誤の連続です。

そんなとき、素直に「ごめんね」と「いいよ」を言い合える関係性であると、お互いの成長を支え合えます。

親の何げない言動で子どもの「なんとなく」を奪う

テストや資格試験前の子どもはナーバスになっています。

このとき、親の何げない一言に敏感に反応し、時として取り返しのつかない心の傷を負うことがあります。**一見些細に思える言葉や仕草が、子どもの意欲や自信を奪ってしまう可能性**があるのです。

たとえば、「あなたが始めたんでしょう?」という言葉。

テスト勉強や資格の勉強、クラブ活動などに行き詰まり、やめたいと思った子どもに投げかけるこの言葉は、子どもにとって反論の余地のない重圧となります。

仮に子ども自身が、まだテスト勉強や資格の勉強、クラブ活動などを続けたいと思っていたとしても、その一言で一気にモチベーションがなくなり、「じゃあやらない」というあきらめの発言をさせてしまう場合があります。

大人でも、継続する難しさは理解しているはずです。

「時には、休みたいことあるよね？」と、理解を示してあげるだけでも、反骨心がある子どもは「休まないよ！　やる！」と枯れていたモチベーションが復活するかもしれませんし、「この箇所がうまくできなくて、どうすればいいかな」と、前向きな相談をしてくれるかもしれません。

何げない親の一言で、子どものやる気は出たりなくなったりしてしまうのです。

また、テストの結果や成績表を見たときの **〝ため息〟も子どもにとって大きなダメージ**となります。単なる疲れからのため息であっても、このタイミングでは子どもには自分の努力を否定されたように感じます。

子どもは、目に見えないところで懸命に頑張っています。

ため息は、一瞬にして無にしてしまう行動であることを覚えておきましょう。

親も人間ですので、決して容易なことではありませんが、子どもの健やかな成長のために必要不可欠な要素なのです。

勉強が加速する3つの習慣

子どもの学習において、単に勉強時間を増やすだけでは真の成長は望めません。意識するべきは、**時間よりも質**です。

さらに、子どもが自主的に勉強をしたくなるような習慣を確立することです。

私はいつも、「復習」「説明」「予定決め」を子ども自身で取り組むように伝えています。

●振り返ること（復習）の習慣化

知識の定着には、振り返りが不可欠です。

しかし、多くの子どもたちは間違いを恐れるあまり、復習を避けがちです。

親御さんは、間違いを恐れなくてすむ環境づくりを心がけ復習を促しましょう。たとえ**間違えても、それを否定せず、むしろ挑戦したことを褒める**姿勢が大切です。

日々の学習内容を振り返る時間を設け、わからなかった部分や間違えた問題に向き合う習慣をつけることで、理解が深まり、学習効果が高まります。

●説明する機会をつくる

学んだ内容を誰かに説明することは、もっとも効果的な学習方法の一つです。**説明することで、自分の理解度が明確になり、また相手に伝えようとする過程で新たな気づきが生まれ、相手に理解しやすいよう表現を工夫することで言語化能力や表現力が身につきます。**

これは単なる暗記とは異なり、知識を実践的に活用する機会となります。

家族や友人に教えることから始め、徐々に説明の機会を増やしていくことで、学習内容の定着度が大きく向上します。

●翌日の学習を自分で決める

学習の主体性を育むために、翌日の学習内容を自分で決める習慣をつけることが重要です。

これは単なる予定管理ではなく、**自分の学習状況を客観的に評価し、次に何をすべきかを自ら考える重要な機会**となります。

一日に取り組む課題は多くする必要はなく、たとえば3つ程度に絞り、確実に達成できる目標を設定することがポイントです。

すべてを完璧にこなそうとするのではなく、できなかった部分は翌日に回すという柔軟な姿勢も大切です。

これら3つの習慣は、相互に関連し合いながら学習効果を高めていきます。

特に重要なのは、これらの習慣を通じて「**自分で考え、判断する力**」**を養う**ことです。

親は、その取り組みを見守り、つまずいても叱るのではなく、工夫していること自体を認めて褒めましょう。

この3つをすぐに子どもができるわけではありませんが、子どもが自信を持って学習に取り組める環境を整えることが大切です。

親の継続的な励ましとサポートがあれば、徐々に自主的な学習サイクルが確立されていきます。

「自分が決めたことができた、守れた」という小さな成功体験を積み重ねることで、学習への意欲が高まり、さらなる成長へとつながっていきます。

子どもと一緒に悩みながらテスト思考で前を向く

「なんで宿題やらないの？」

「こんなにお金をかけているのにどうして求めている結果にならないのか」

「なんのために塾に行っているのかわかっているのか」

多くの親御さんは、子どもを塾に預けるといつしか「敵対関係」に陥ってしまいがちです。

しかし、親が子どもの学習内容を理解し、その困難さを実感することで、両者は「仲間」となることができます。

たとえば、子どもが取り組んでいる問題の難しさを親自身が知ることで、「こんなに難しいんだから、解けなくて当然だよね」という共感が生まれ、より建設的な対話が可能となります。

これは決して塾だけの話ではありません。

学校の勉強でも、勉強に前向きに取り組めない状態に子どもが陥っている場合は、今どのような問題の難しさにつまずいているのか、苦戦しているのかを理解し、その苦戦具合に共感してあげましょう。

再三お伝えしていることですが、子どもを追い込むような「なぜできないのか」は禁句です。

家族として、親として、**できないことではなく「できること」に焦点を当て、伸ばしてあげましょう。**

ただし、難しいのが、**親が子どもの問題に深入りしすぎることも避けたほうが良いところ**です。

特に中学受験塾で習っている小学5、6年生の問題は、大人でも解けないものが多く含まれています。

親が無理に問題を解こうとすることで、かえってストレスを感じたり、子どもの学習意欲を削いでしまったりする可能性があります。

親が先に解くと子どもに花を持たせてあげられないので問題を解くにしても、**子どもが知らないところで取り組みましょう。**

そして「私はわかったよ」と変にプレッシャーをかけないことです。

親ができる最適なサポートとは、スケジュール管理や学習環境を充実させることです。

たとえば、プリントの管理や学習計画を子どもと一緒に行い、ゲーム感覚で取り組むことで、子どもは楽しみながら学習習慣を築くことができます。

あくまでも子どもを主役として、親は主人公の活躍をサポートするサブキャラのようなイメージです。

子どもの将来のことを考えると、一番大切なのは「テスト思考」を持って育ってきたか、だと私は考えています。

テスト思考とは、試す力のことです。

できるかできないかわからないけど、試しにやってみる。それが失敗したとしても、失敗したという経験を味わったと考え、違う施策でまた試す、それを繰り返すことをできる子どもが、これからの時代に求められると思います。

挑戦をすれば、何もしないことよりも失敗をする可能性は上がります。

しかし、この失敗よりも挑戦をしないこと自体が実は問題だと親が把握し、しっかり子どもに教えてあげることができたならば、これからの時代に不可欠なサバイブする力を手に入れられます。

その失敗から学び、修正し、また挑戦し続けることが大切といえます。

ビジネスでよく聞く言葉ですが、「ＰＤＣＡ」のことです。

P……Plan（計画）

D……Do（実行）

C……Check（評価）

A……Action（改善）

簡単に説明しますと、ゴール設定を行い、現状とその目標のゴールの差を把握し、課題を考え、その課題を解決するために「何をすればいいか」を計画する段階。次に、その計画を実行する段階。そして、実行したことに対して、本当にこのままでゴールにたどり着くかを検証する段階。その検証で、生まれた不可解なことを改善する段階。

これをPDCAといいます。

このような言葉では子どもに説明しづらいですし、子どもの理解を妨げると思われます。子どもにとって、このPDCAを体感してもらう絶好の機会が、「**勉強のスケジュールを自分で考えて決める**」ことです。

受験であれば、本番までに定期的に模擬試験があるので、それまでにどのような勉強をするのか、この単元まで覚えるなど、組み立てやすいと思います。学校の勉強であれば、顕著に実行しやすいのは夏休みの宿題です。締め切りがあり、それまでどのように終わらせるか、考えてもらうのです。小学生低学年の場合は、いったん子ども自身に考えて実行してもらい、Ｃｈｅｃｋは一緒に行うのが良いです。

自分で宿題や勉強の目標を立てて、スケジューリングすることで、ＰＤＣＡのフレームワークを身につけることができます。

また、テスト思考で重要なのは、**できないところを掘り下げるのではなく、伸びる可能性のある部分に注目する**ことです。

多くの人は苦手な部分を改善しようと必死になりますが、実は得意分野をさらに伸ばすことのほうがその子の特性を活かせます。

たとえば、試験に取り組む際に算数が苦手なら固執せずに、理科や社会で高得点を取ることで、合格ラインに到達する方法もあります。

バランスよい成績に執着することなく、子どもの伸びしろを最大限に引き延ばせるように親としてサポートをしていきましょう。

第3章のまとめ

- その子自身の成長の過程を褒め、認めていく
- 親と子が一緒になって復習して、対策する
- 叱るときは7分以内
- 素直に謝罪できるほうが信頼を得やすい
- 些細に思える言葉や仕草が、子どもの自信を奪う可能性がある
- 勉強は時間よりも質

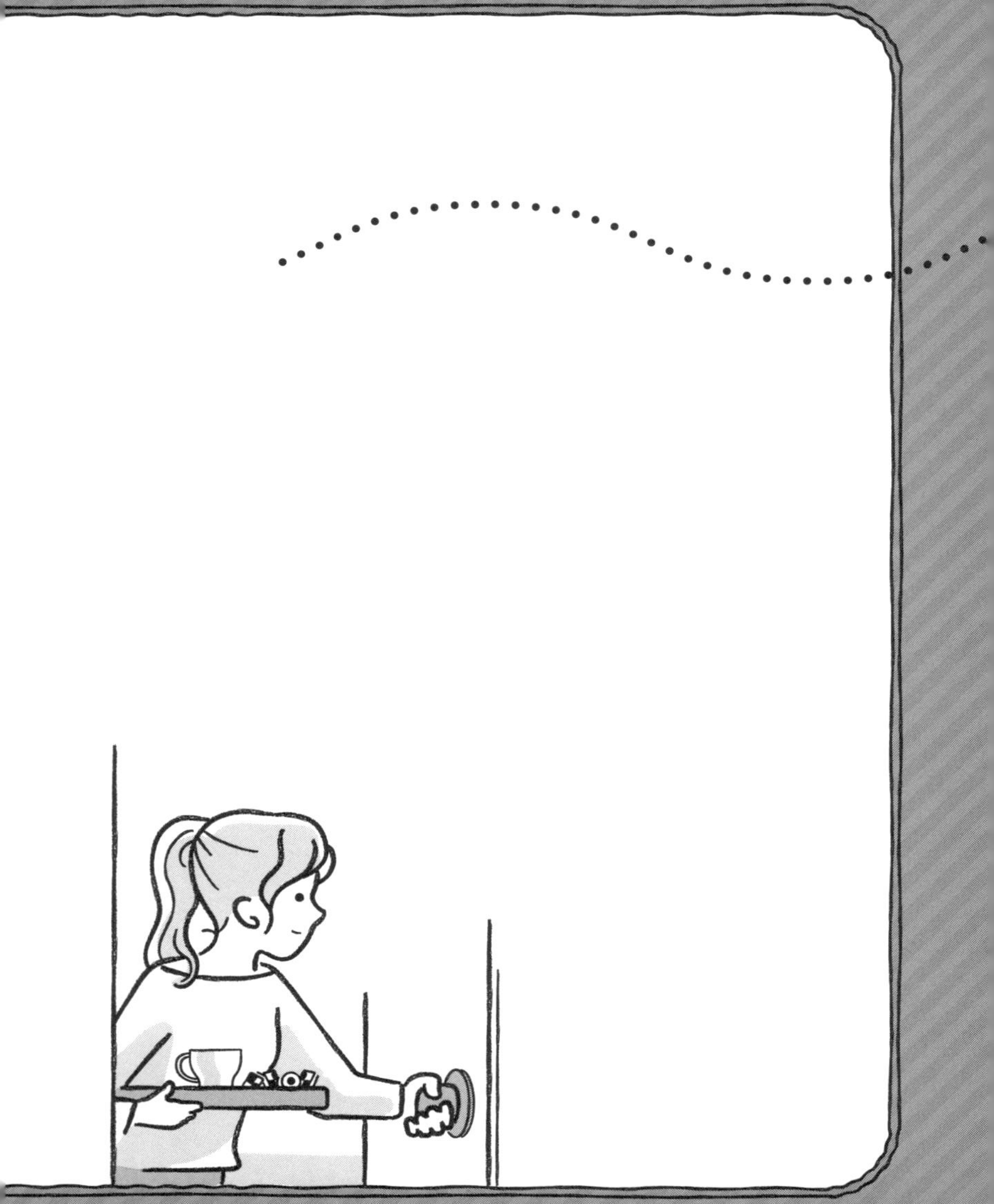

第4章

学年別・科目別
自発的に学び続ける
頭がいい子の「学び習慣」

低学年のうちにしていたほうが良いこと

低学年の子どもたちは、まだ完璧に言葉を理解していない状態です。

この時期の**学びのポイントは、学びと遊びを交えた自然な形での学習**です。

早期から塾や過度な学習を強いるよりも、**子どもの発達段階に合わせた活動をすること**が重要です。

もちろん、この時期から塾に通わせる方も多くいます。また、塾に通っていなかったとしても、塾に通っている出来事をママ友から聞く場合もあるでしょう。羨ましく感じたり、子どもの将来を案じて不安になったりするかもしれませんが、

私見として、**低学年から塾に通わせるのは早すぎる**と感じています。

子どもの前頭葉（計画や判断、問題解決、感情の制御、社会的行動などを司る部分）が未発達なため、塾で習ったことを理解するのは困難だからです。

学習は子どもが「本能的に面白いな」と感じることが重要です。

家庭でのサポートで、子どもの成長に良い影響を与えることは可能なので、無理に焦って強制的に学ばせる必要はありません。


日常で、子どもの本能を刺激するきっかけはさまざまなところにあります。

重視すべきは、**屋外へ出かけ自然と触れ合い、遊びから学習を得る**ことです。

海水浴をしながら魚を観察したり、昆虫採集をして虫の生態を直接観察したりすることで、理科的な知識を体験的に習得することができます。

これは教科書での学習よりも、**臨場感があり五感を使い習得できるため深い理解と興味を育む**ことにつながります。

また、**創造的な遊びを通じた学び**も非常に重要です。

既製品のおもちゃやゲームも良いですが、積み木やブロック、プラモデルなどを使って、自分で遊び方を見いだしていくのがおすすめです。

これにより、想像力が育まれ、自分で考える力が養われていきます。


さらに、**他の子どもたちと交わる学び**も大切です。

鬼ごっこなどの集団遊びを通じて、ルールをつくり、守り、時には臨機応変に変更する経験は、社会性を育むうえで非常に重要です。


他には、**電子機器の使用については、できるだけ制限することが望ましい**でしょう。タブレットやスマートフォンは便利な道具ですが、低学年の時期は実体験を通じた学びを優先すべきです。

YouTubeやゲームは、優秀なクリエイターがつくり出す世界観の中で子どもが〝遊ばれている〟行為です。

一方、**積み木遊びは、ゼロの状態から自分が遊び方をつくる行為**です。

子ども自身がクリエイター側となり、遊び方を見つけることになるため脳を使います。

遊びを通して、自分で考える、試行錯誤するという経験を積めば、高学年となり学習内容が難しくなったときに自分で考える、**試行錯誤するというベースづくり**につながります。

このような自然で創造的な活動を通じて、子どもたちは自分で考え、行動する力を身につけていきます。

そして、これらの経験は、高学年になってからの学習にも良い影響を与えることでしょう。

子どもたちが自ら学ぶ喜びを見いだし、**創造性豊かに成長していけるような環境づくりが、低学年の時期には特に重要**なのです。

高学年からでも間に合う「学び習慣」のコツ

高学年（小学5、6年生）になると、**脳の発達とともに学習能力が大きく向上します**。そのため、低学年のときには難しく感じた学習内容も、5、6年生になると理解しやすいのです。

特に重要なのは、高学年では**「主体性」を重視した学習スタイルへの移行**です。この時期の子どもたちは、大人との対等な対話が可能になってきます。

たとえば、宿題の量や内容を教師や親と相談しながら自分で決めることで、より強い責任感と意欲を持って学習に取り組むことができます。

親が決めるとできなかったときに親のせいにできますが、自分で決めた場合、できなかったときは自分の責任になります。

自分が決めた約束だからこそ、子どもたちは真剣に取り組むのです。

高学年になると、「**メタ認知**」と呼ばれる重要な能力が発達してきます。

メタ認知とは、自分の考えや行動を客観的に見つめ、理解し、コントロールする力のことです。

「この問題が解けたのは、図を描いて考えたからだな」

「ここでつまずいたのは、急いでしまって問題文をよく読まなかったからだ」

このような具合に、自分の学習方法や結果を振り返り、改善できる力のことを表します。

この能力を活かし、日々の学習を振り返る習慣をつけることで、より効率的な学習が可能になります。

学習の進め方についても、従来の「**前から順番に**」**という固定観念にとらわれる必要はありません**。

たとえば、過去問題集を1問目から解いていくと、時にかなり難解な問題があったりします。私が〝初見殺し〟と呼んでいる出題の傾向で、ここに時間を取られ続けると、そのあとの解ける問題にたどりつく前に制限時間がきてしまいます。

後ろから問題を解いたほうが理解しやすい場合もあるので、経験値から子どもが気づかなかった場合でもアドバイスして、**俯瞰して物事をとらえる練習を普段から積むと良い**です。

子ども自身が、ゲームをクリアしていくように自分なりの攻略ルートを考えながら学習を進められるよう支援していきましょう。〝取るところは取る〟という勝負強さを養うことを意識して、取捨選択ができるようにするのです。

時には、自分の現在の学力レベルより少し上の問題に挑戦することで、予想以上の成果を上げることもあります。

「わからない問題は飛ばしてみたら？」

「無理だと思わず一つレベルを上げた問題に挑戦してみたら？」

一見正解に見える勉強のルールに子どもが縛られないように、親がいい意味でルールから脱線できるように声かけをしてあげましょう。

学習時間については、量より質を重視することが大切です。

長時間机に向かうのではなく、30分から1時間程度でも、理解を深めることに重点を置いた集中的な学習のほうが効果的です。

その際、前日に翌日の学習内容を自分で選んで決めておくことで、より主体的な学習が実現できます。

親の役割も、この時期には大きく変化します。

学習内容を一方的に決めるのではなく、**「応援部隊」として子どもの自主性を支える立場に徐々に移行していく**ことが望ましいです。

時には、失敗することもありますし、親自身も不安を感じることがありますが、教師に子どもの状況を共有してもらいながら、子どもの可能性を信じて支援していく姿勢が重要です。

国語ができる子の学び習慣

国語ができる子にするためには、「言葉」と「思考」を結びつける学習法が効果的です。私が指導しているのは「**芋づる式学習法**」です。

まず、文章問題を音読してもらい理解できない漢字や表現にペンで○印をつけます。そのあと、○印をつけたところを辞書で調べます。

たいていの子どもは口では「わかったよ」と言ったとしても、内容の7割は理解していないことが多いです。

そこで丁寧に一つひとつ言葉を理解すると、そこから**関連する言葉や概念が次々とつながっていきます**。この方法だと言葉の表面的な意味だけでなく、言葉の持つ深い意味や使い方まで理解できるのです。

読解力を上げるには2つポイントがあります。

一つは「**言い換える力**」です。

これは「つまり」「たとえば」といった接続詞を手がかりに、**具体的な内容と抽象的な内容を行き来する能力**です。ほとんどの国語の文章はこの「言い換え」で構成されているため、この力を身につけることで文章の理解が格段に深まります。

本書も、「たとえば」を使って抽象と具体を行き来しながら解説しています。

もう一つは「**たどる力**」です。

これは文章の中の「なぜなら」「だから」といった言葉を手がかりに、**原因（理由）と結果の関係を順序立てて理解していく能力**です。

結果には、原因があり、さらにその原因にはその原因になった原因があります。

筆者の論理展開を正確にたどることで、文章の主張を理解することができます。

特に子どもで多いのは、記述式の問題をわからないから空欄にしてしまう子がいます。「空欄をつくらない」という目標で埋める練習をすることも大切です。

それにより、埋めるためには考える行為を必ずすることになります。

また、**国語力は、親子のコミュニケーションでも磨けます。**

たとえば、日常的な会話の中で、「どうしてそうなったの？」「それはどういう意味？」といった質問を投げかけることで、子どもの「たどる力」や論理的思考力を自然に育むことができます。

さらに、たとえば「水ちょうだい」と言われたときにも、「私に水をください、と言い直してみよう」など**日常的に助詞を使った会話を心がける**のも効果的です。これは、形式的な学習だけでは得られない貴重な練習機会となります。

このように、国語力を高めるには、日々の積み重ねが重要です。

何気ない会話をしながら、言葉や文章、文章の構成に興味が持てるように子どもに接していきましょう。

算数ができる子の学び習慣

高学年になると、これまで学んでこなかった「分数問題」が加わるため、問題の質が大きく変化し、単なる計算から、割合や速さなどの複雑な概念を理解する必要が出てきます。

そこで重要になるのが、**公式や概念を「言い換える」習慣**です。

たとえば、割合の学習では「４分の３」という数字を単に暗記するのではなく、それが具体的に何を意味するのかを理解することが重要です。

１という数字も１００％であり10割であるから１という表現になると理解することで、より算数の本質が把握できるようになります。

このように、**数字や公式を日常的な言葉や具体的なイメージに置き換える**習慣が、算数の実力を大きく左右するのです。

また、図形の学習でも同様のアプローチが効果的です。

たとえば「底辺×高さ÷2」という三角形の面積の公式も、「長方形の半分だから」という理由まで理解することで、一生忘れない知識となります。

学校や塾の先生も、「そういう公式だから」と意味を深掘りしていない人もいます。

しかし、**公式を単に暗記するのではなく、その背景にある理屈を腹落ちするまで理解する習慣を身につけると、評価されるための勉強ではなく力をつけるための勉強ができます。**

早い段階から「なぜそうなるのか」を考える習慣をつけることが大切なのです。

理科ができる子の学び習慣

一般的に理科は「暗記科目」だととらえられる傾向にありますが、機械的に暗記してしまうと視覚情報や固定概念にとらわれて、本質が見えなくなることがあります。

たとえば、昆虫の体のつくりを学ぶ場合を考えてみましょう。

カブトムシの体は一般的に「頭・胸・腹」の3つに分かれているとされますが、実際に観察してみると、見た目の区分と本当の体の構造は異なることがあります。

胸の部分は見た目で判断するより実際には大きく、中央部分まで及んでいることもあります。

このように、表面的な見た目だけでなく、**実際の構造を観察し理解する**ことで、

より正確な知識を身につけることができます。

一番は体験です。実際に昆虫を飼ってみる経験が知識に結びつくといえます。私の経験則では、意欲が高く、やる気満々の子は、今まで昆虫を飼った経験がある子のように感じます。昆虫の体の仕組みだけではなく、生き物を育てる素晴らしさだけでなく、死の悲しみにも触れられます。

また、**文章中のヒントを見つけ出す力**も重要です。

特に入試問題では、長い文章の中から重要なヒントを見つけ出し、それを正しく理解する必要があります。

これは、漢字を覚えているなどベースができていないと難しいため、日々コツコツ漢字学習をする必要があります。

すべての科目に当てはまりますが、国語も算数も理科も、次に説明する社会も、決して独立している科目ではなく、つながっているのです。

社会ができる子の学び習慣

社会の学習で重要なのは、**基礎的な内容の確実な理解と、知識の抜け漏れを防ぐための継続的なチェック**です。

特に重要なのは、**学習内容を時系列で正確に把握する**ことです。

たとえば歴史分野では、室町時代や第一次世界大戦、第二次世界大戦といった重要な時代や出来事について、バラバラに覚えるのではなく、**時代の流れの中で理解する**ことが大切です。

多くの場合、一見理解しているように見えても、実際には重要な部分が抜け落ちていることがあります。

特に、途中から受験勉強を始めた生徒の場合、この「**知識の抜け**」**が大きな課題**

となることがあります。

効果的な学習方法として、「**速攻テスト方式**」が効果的です。

これは、学習した内容をすぐにテストで確認し、できなかった部分を明確にチェックする方法です。

チェックした部分は集中的に復習し、再度テストで確認します。このサイクルを繰り返すことで、**苦手分野を効率的に克服する**ことができます。

また、社会では初めて知る用語や概念が多いため、**教科書の音読と理解が非常に重要**です。

教科書の音読と理解という学習法は、一見単純なことに思えますが、実は理解を深めるうえで効果的な方法です。

難しい用語や概念を正確に読めるようになる、理解するようになることは学習に対する自信にもつながりますので、**教科書を読み込む**ことが大事です。

これは国語の勉強にも当てはまりますが、**脳のスペックを上げることができる勉強スキルが音読**なのです。

脳の処理能力・頭の回転の速さ、記憶力、想像力などさまざまな能力が向上します。声に出して読むことは、その脳の錯誤を減らす訓練になります。

音読するためには文章の主題や意図を把握することにつながります。

すべての科目で音読を活用していきましょう。

挑戦できる人こそ価値がある

現代社会において、特に日本では同調圧力が強く、新しいことに挑戦することを躊躇する傾向があります。

しかし、**実は挑戦できる人だからこそ、より大きな可能性を見いだすことができるのです。**

なぜなら、**挑戦なしには失敗も成功も、そして真の成長も得られない**からです。

挑戦すると、必然的に失敗する可能性が出てきますが、サッカーでゴールを決められるのは実際にシュートを打った人だけです。

同様に、英検で資格を取れるのも実際に試験を受けた人だけです。

たとえ不合格になっても、次回に活かせる成長につながる貴重な経験となります。

特に**子どもの頃の挑戦する経験は、将来の人生に大きな影響を与えます。**

挑戦を重ねることで培われる「度胸」も、非常に重要な資産となります。

たとえば、人前で話すことや新しいビジネスに取り組むことへの心理的ハードルは、挑戦する経験を重ねることで著しく下がっていきます。

これは、学生時代に積極的に物事に取り組んだからこそ**失敗を恐れない精神力と、危機を予測し対応する能力の両方が育つ**といえます。

また、**挑戦すると自分の得意不得意を知ることができます。**

すべての分野で成功することは不可能ですので、早い段階で自分の限界を知り、本当に力を発揮できる分野を見つけると生きやすさにつながり、充実した人生を送れるでしょう。

これは決してあきらめることではなく、**より効率的に自分の可能性を追求する**ということです。

さらに、**挑戦する経験は「人生の嗅覚」を育てます。**

ビジネスチャンスの発見や、危機の予測能力は、多くの挑戦と失敗を経験することで肌感覚として磨かれていきます。

この感覚は、教科書や机上の学習だけでは決して得られないものです。

挑戦は、年齢を重ねるにつれて難しくなっていきます。

30歳を過ぎると、安定を求める気持ちが強くなり、リスクを取ることを躊躇するようになります。

だからこそ、若いうちにさまざまな挑戦を経験することが重要です。

そのためにも小学生のときから、失敗してもいいから「**まずやってみる勇気と行動**」を手に入れられるように親がサポートしてあげましょう。

社会が大きく変化する現代において、この「挑戦する力」は、これまで以上に重要な資質となっていくでしょう。

第4章のまとめ

- 学び と遊びを交えた自然な形で学習する
- 国語は、「言葉」と「思考」を結びつける学習法が大切
- 算数は、公式や概念を「言い換える」習慣が重要
- 理科は、実際の構造を観察し理解することを意識する
- 社会は、学習内容を時系列で正確に把握することが重要
- 挑戦なしには失敗も成功も、そして真の成長も得られない

第5章

中学受験を考えたら、知っておくべきこと

「中学受験は塾に通わせなければいけない」は誤り？

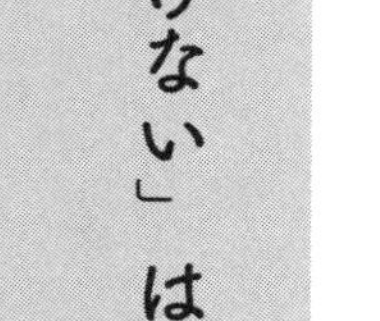

「中学受験には塾が必須」という考えは、長年多くの親御さんの間で常識とされてきました。

しかし、この固定観念は必ずしも正しくありません。実際、従来の受験塾のシステムには、現代の教育ニーズと合わない面が数多く存在しています。

まず、大手受験塾のカリキュラムは、超トップ層の生徒向けに設計されています。そのため、多くの生徒がついていけず、補習や個別指導などの追加授業を必要とする状況に陥っています。

さらに、**塾での学習内容は学校教育の範囲外が9割**を占め、特に受験対策としての算数や国語については、ほとんどが学校では扱わない内容となっています。

実は、**中学受験に出題される内容の約8割は、4年生と5年生の基礎的な学習範囲から出題されます。**

つまり、6年生での学習内容は、それまでの復習が中心となります。このことから、6年生から受験対策を始めようとして受験塾に通い始めても、4、5年生レベルの応用問題に対応できず、効果的な学習が困難になるケースが多々あります。

コロナ禍期間中、大手塾は封鎖を余儀なくされましたが、その2~3年の間にも中学受験は実施されています。この期間の受験対策は、家庭学習の他、オンライン授業を駆使した個別指導塾へ移行していきました。

私の経験からしても、必ずしも従来通りの形で塾に通わなくても中学受験は可能だということが実証されています。

むしろ、**生徒個々の学力や目標に合わせた柔軟な学習アプローチ**のほうが、効果的な場合も少なくありません。

現代では、教育の目的も多様化しています。従来の「有名校に合格して、その後東大に進学する」という単一的な成功モデルから、海外留学や専門分野の追求など、さまざまな選択肢が重要視されるようになってきました。

そのため、画一的な受験塾のシステムよりも、個々の目標や学習スタイルに合わせた教育支援のほうが望ましい場合が増えています。

重要なのは、単なる受験対策だけでなく、**子どもの自己肯定感や学習意欲を育む**ことです。

与えられた課題をこなすだけでなく、成功体験を積み重ね、自己肯定感と自己効力感を高めていくアプローチが、長期的な教育効果につながります。

また、**家族全体で目標を共有し、子どもの成長を支援していく**姿勢も重要です。

これからの時代、中学受験の在り方はさらに変化していくことが予想されます。

大手受験塾への依存から、個々の家庭にカスタマイズされた学習支援へと移行していく傾向が強まるでしょう。特に子どもの数が減少する中、より丁寧で個別化された教育支援へのニーズは高まっていくと考えられます。

うちの子は中学受験に向いてないと思ったら考えること

「受験に向いていないのでは」と感じたとき、塾の成績や模試の結果だけを基準に判断していないでしょうか。

これは非常に限定的な物差しでしかありません。

むしろ、**「今の時点からどこまで成長できるか」**という視点で考えることが重要です。

現在は、有名難関校以外の中堅校の受験数が圧倒的に増加しています。

少子化の影響もあり、私立校は生徒を獲得するために設備面の充実、独自の教育制度を導入するなど魅力を高めています。

偏差値以外に学校の魅力を幅広く検討し、**子どもの性格に合っている中学を検討**

する親御さんが増えて、学校の在り方も見直されています。

偏差値に左右されず、わが子に合った学校選びをするために、クラスの担任や塾の先生などの専門家に相談することをおすすめします。

家庭では見せない思いやりがある一面など、性格的な特徴も踏まえて特性を知るためです。

そして、**子どもと相談して志望校を設定**します。

合格のため、中長期的な学習プランを立てる際に、いつまでにどの程度まで偏差値を上げる必要があるかを逆算します。合格可能なのか、現実的な見通しをしてみるのです。

受験勉強を進める中で、**もし設定した志望校の合格が困難と感じるようであれば、その時点で志望校を変えるという方向転換や、受験をやめるという撤退ラインを設けておきましょう。**

受験勉強に励む子どもの様子を見極める際に注意すべき点がいくつかあります。

たとえば、宿題の答えを写すようになったり、模試の点数を隠したり、ゲームに没頭したりするようになった場合は、現在の学習環境が合っていない可能性が高いです。

また、志望校を設定したものの本音ではその学校に魅力を感じていないのかもしれません。その場合は、合格後の自分の生活にワクワクすることができないためにモチベーションが上がらないのでしょう。

多くの場合、**子どもは親を心配させないように「大丈夫」と言ったり、うまく取り繕ったりする傾向があります**が、これは逆に深刻な状況を示唆していることがあります。

塾の先生との月1回程度の面談で「お子さんはとても頑張っていますよ」という言葉を鵜呑みにするのではなく、**日々の学習ノートや家での様子をしっかりと観察**することが重要です。

子どもが本当に理解できているのか、それとも表面的な対応をしているのかは、普段の様子を見ていれば把握できるはずです。

特に注意が必要なのは、**親自身が現実から目を背けてしまう**ことです。

子どもの苦しい状況に気づいていても、「あと少し耐えれば状況は良くなる」という期待で、子どものSOSを見過ごしてしまうことがあります。

これは子どもにとって貴重な時間とエネルギーを無駄にすることになりかねません。

重要なのは、「中学受験に向いていない」というレッテルを貼ることではなく、**その子に合った学習方法を見つける**ことです。

中学受験をやめたり、塾をやめたりすることは「学習能力がない」わけではありません。

むしろ、自分に合った方法で着実に成長していける環境を整えることこそが、親としての重要な役割といえるでしょう。

中学受験を視野に入れた親が「知らない」と怖いこと

中学受験を考える際、多くの親御さんが見落としがちな重要な事実があります。

それは、「**合格後の生活**」についてです。

特に「実力以上の学校」に合格した場合に生じる問題です。

入試内容が子どもの特性に合っていたなど運も味方して、偏差値の高い学校に合格したとします。親御さんは喜ぶかもしれませんが、そのあとに待っているのはレベルの高い授業です。

もしかしたら、授業についていけない、テストでは常に下位層に属することになるなどいわゆる「落ちこぼれ組」として分類され、子どもの自己肯定感を大きく損なう日々になるかもしれません。

中高一貫校では、このような状況が6年間も続くこととなり、子どもの心理的発達に重大な影響を及ぼす可能性があります。

この現象は、ビジネスでよく知られる「パレートの法則」(2対8の法則)に似た形で表れます。

どの集団においても、上位2割と下位8割という構図が生まれ、さらにその中でも同様の比率で層が分かれていきます。

より詳細に見ると、上位2割、中間6割、下位2割という構造になることも多く、特に下位2割に入ってしまうと、実際の能力に関係なく「自分には無理だ」という意識が潜在的に植えつけられてしまう危険性があります。

この時期の経験は、子どもの人生における縮図となることも多く、中学時代の位置づけが、その後の人生観や自己認識に大きな影響を与えることがあります。

たとえば、一部の学校では成績順の座席配置を行うなど、序列が目に見える形で示されることもあります。これは子どもの心理に大きな影響を与えるでしょう。

重要なのは、**必ずしも難関校を目指す必要はない**ということです。

むしろ、子どもが自分の力を十分に発揮でき、成功体験を積み重ねられる環境を選ぶことが、長期的な成長にとって重要です。

やや難易度の低い学校でもトップクラスの成績を収めることで、強い自信を得られる場合もあります。

このように、中学受験において重要なのは、単なる合格する可能性だけでなく、**入学後の6年間を見据えた学校選び**です。

子どもが自分の居場所を見つけ、前向きに学習に取り組める環境を選ぶことが、将来の成長につながります。

そのためには、偏差値や知名度だけでなく、子どもの適性や性格、将来の目標なども含めた総合的な判断が必要です。

偏差値が低くても子どもと一緒に受験に挑戦することの意味

中学受験において、多くの人が偏差値を絶対的な基準としてとらえがちですが、偏差値は集団が変われば大きく変動する相対的な指標に過ぎません。

むしろ、**「受験に挑戦する」という経験**そのものに、子どもの成長に重要な意味があります。

従来の受験塾では、決められたカリキュラムに沿って進める画一的な指導が一般的でした。根本的な原理の説明が不足したまま進められる授業も多く、個々の生徒に合わせた着実な成績アップは難しい状況だったのです。

しかし、子ども一人ひとりの特性に合わせた指導を行い、学習の仕組みを理解させることで、**競争ではなく自己の成長に焦点を当てた学習**が可能になります。

特に重要なのは、**誰もが持っている個性的な才能を見いだし、活かすこと**です。多くの場合、子ども自身も親も、すでに備わっている才能や強みに気づいていないことがあります。たとえば、英語が得意な子どもであれば、その強みを活かした受験方法を選択することができます。

親世代に比べ現代の受験校選びは多様化しており、偏差値40台だった生徒を50台まで伸ばすことを得意とする学校など、さまざまな特色を持つ学校が増えています。重要なのは、**子どもの性格、家庭環境、価値観などを総合的に考慮し、最適な選択をする**ことです。

受験に挑戦する意義は、単なる合格だけではありません。地元の学校に進学するという選択肢もある中で、あえて**努力を要する環境に身を投じる経験は、生涯を通じた成長の基盤となります**。受験時は12歳ですから、自分で環境を選び取るという体験は、その後の人生で困難な場面に直面しても受験時の努力が糧となり、さまざまな困難な出来事を乗り越えられる強い人間にさせるでしょう。

また、**「失敗」を恐れる必要はありません。**挑戦する過程で得られる経験は、たとえ第一志望校に合格できなくても、かけがえのない財産となります。中学受験で思うような結果が得られなくても、高校受験に挑戦したり、その後の人生におけるさまざまな挑戦にも活かしたりすることができます。

子どもの挑戦を肯定的に受け止め、支援することが大切なのです。他人の価値観に縛られず、自分なりの基準で前進できる力を育むことが、中学受験の本質的な価値といえるでしょう。そして、この**受験はゴールではなく、むしろ子どもの人生における新たなスタート**としてとらえることも大切です。

このように、偏差値が低くても受験に挑戦することには、学力向上以外にも重要な意味があります。それは、子どもが自分の可能性を信じ、新しい環境に挑戦する勇気を身につける機会となるからです。

親としての5つの心構え

中学受験に向き合う親として、いくつか知っておいてほしい心構えがあります。

これらは単なる受験時期に限らず、子どもの成長全体を見据えた姿勢としても意識していただきたいことです。

第一に、**子どもの関心に対して深い理解を持つ**ことです。
子どもが何に興味を持ち、何に困難を感じているのか、表面的な成績だけでなく、日々の様子や行動から読み取っていく必要があります。
これは受験への向き合い方を決めるうえで重要な指針となります。
第二に、**専門家の意見に対して素直に耳を傾ける**姿勢です。

受験対策における塾選びについては、塾や先生の価値観、指導方針を見極めることです。

近年では、ＳＮＳなどで教育者が自身の考えを発信することも増えており、そうした情報も参考にしながら、**信頼できる指導者を見つける**ことが大切です。

第三に、**「受験は投資である」という視点を持つ**ことです。

これは単にお金の問題ではなく、時間や労力も含めた総合的な投資としてとらえる必要があります。

そのため、投資対効果を冷静に判断し、必要に応じて方向転換する勇気も必要です。たとえば、塾に通う場合、当初の想定よりお金がかかることも珍しくありません。しかし、借金してまで無理に続ける必要はなく、**家庭の状況に応じた現実的な判断**が求められます。

第四に、**子どもに価値ある経験を積ませる**ことです。

受験勉強を通じて、努力の意味や、自分に合った学習方法を見つけること、時には困難に直面することなど、さまざまな経験が将来の糧となります。

これは単なる合格のための準備ではなく、人生における重要な学びの機会としてとらえるべきです。

第五に、**撤退の選択肢を持っておく**ことです。

これは必ずしも受験自体をあきらめることではなく、現在の学習方法や環境が合わない場合の転換を意味します。

たとえば、集団塾での学習が合わない場合、個別指導に切り替えるといった柔軟な対応を検討することなどです。

「子どもに合わなかったらやめる」。この選択肢を持っているだけでも、心理的な余裕が生まれます。

何より重要なのは、子どもの可能性を信じながら、子どもの成長に寄り添い、適切な環境を整えていく親としての基本的な姿勢として、お伝えした5つの心構えを意識していくことが大切です。

中学受験のお悩み相談

中学受験をサポートする親御さんが抱えるお悩みには、いくつか傾向があります。
その中で代表的な5つを解説します。

Q1．中学受験時の理想の睡眠時間はありますか？

結論からいうと、子どもによって体力の個人差が大きいため、理想的な睡眠時間も異なります。

また、「朝型」「夜型」といった学習しやすい時間帯の好みもそれぞれ違うため、一日の睡眠時間に「これが正しい」という基準を定めることは難しいです。

特に注目していただきたいのは、子どものモチベーションと睡眠時間の関係です。

やる気に満たされているときは、驚くほど長時間でも集中して学習に打ち込むことができます。その状態の子どもは、普段より短い睡眠時間でも体力や気力を維持できるものです。

ガッと学習に没頭したあとは、体と脳が疲労するため、自然と長時間の睡眠時間になります。この時間は、疲労回復はもちろん、学習した内容の記憶を確保させる大切な時間でもあるのです。

このとき「いつまでも寝ているから」とむやみに起こすことはせず、十分な休息を取らせてください。

受験時の子どもの睡眠時間は、単純に時間で決めるのではなく、その子の個人の学習リズムに合わせて柔軟に考えることが何より重要なのです。

Q2．努力と結果にどう向き合えばいいですか？

まず重要なのは、親御さんと子どもの間で「結果」に対する認識の違いがあることを理解することです。

親御さんは、「結果＝努力」と思いがちで「努力して勉強しているのなら、偏差値が上がって当然」「テストの点数が高くて当然」と考えてしまいます。

しかし、子どもからすると「前回解けなかった計算問題が今回は解けた」「国語の文章問題がよく理解できるようになった」など、点数には結びつかないところでも変化があります。

この変化があれば、今後大いに偏差値アップやテストで高得点を取ることにつながります。この努力にスポットを当てて、評価する価値観でいたほうが子どもの成長を正確に把握できますし、自分も暗に焦らなくて済みます。

テストの結果を見て、前回より低い点数だったとしても点数だけで子どもの状態は理解できないということを覚えておきましょう。

重要なのは、点数よりも解答の内容です。

テストは、運良く正解できた問題もあれば、確実な理解に基づいて解けるようになっている問題もあり、同じ点数でもその内容は異なります。「何ができて」「何ができていないのか」まで把握できると、子どもの頑張っていることもわかるでしょう。「結果＝努力」という短絡的な考え方は避け、すぐに結果を求めてはいけません。大切なのは、勉強量や偏差値だけでなく、日々の努力や成長のプロセスをしっかりと認めてあげることです。

小さな進歩を褒めてあげることが重要で、それを子どもに具体的に伝えることで、学習を継続するモチベーションになるでしょう。

Q3．子どもは「頑張ってる」の一点張りで努力しようとしない場合、どうすれば良いですか？。

この場合、子どもの潜在意識で「今のままでいたい」と感じている場合が多いです。今の成績のままが心地よく、努力により一つ上のステージに進むことが不安で怖がっているのです。

この状態の場合は、「ここまで理解できるようになってすごいね！」など、その子自身の成長プロセスに焦点を当てた褒め方をすることで、自分自身の進歩に目を向けられるようになります。本来、子どもは好奇心旺盛なので自分の知りたいことには貪欲です。しかし、勉強で難しい問題に向き合っていると、自分は何がわからないのかがつかめなくなることもあります。自分の中での疑問が抽象的なため、行動に起こしづらくいつまでも状況が変わらないのでしょう。

この場合は第三者に相談し、いったん客観的に子どもの実力を知る必要がありますす。私たちも勉強を教えるときによく「全部わかんない」という反応があることもありますが、一つひとつ疑問を聞いて答えていくと、必ず理解できます。

つまり「努力しない」のではなく、「努力の仕方がわからない」状態にいると理解したほうが正しいです。もし、しばらく行き詰まっているようであれば、学校や塾の先生に相談すると具体的な努力の方向性が見えてくると思います。

Q4. 子どもの自信を失わせないための過去問対策の正しい実践方法はありますか？

過去問は、解き方を理解している大人と一緒に取り組むことで、より効果的に進めることができます。子どもが一人で挑戦することは、補助輪なしでいきなり自転車に乗ろうとするようなもので、うまくいかないことが多いでしょう。

過去問には特有の「解き方」や「取り組み方」のコツがあります。

そのため、学校や塾の講師のアドバイスを受けながら学習を進めることが、もっとも確実な方法といえます。

Q5. 習い事をやめる決心がつきません。どうしたら良いですか?

習字、バレエ、英会話、サッカー、水泳、体操など、子どもが自発的に「習いたい!」と言って始めた習い事があることでしょう。

しかし、熱心になるあまり学校や塾の宿題をする時間が不足し、成績が落ちてしまうという悩みはよくあることです。中学受験には期限があり、「あのときチャレンジしておけばよかった」という後悔をしても取り返しがつきません。親子で「中学受験をする」という方針を決めたのであれば、たとえば週3回のバレエレッスンを1回に減らすことも検討してみてはいかがでしょうか。将来バレエの道に進まないのであれば、レッスンの頻度を減らしても影響は少ないはずです。

また、大会や発表会を区切りとして習い事を終えるのも一つの選択肢です。脳のキャパシティには限界があり、複数のことを同時進行するのは大人でも困難です。すべてが中途半端になる前に、やることを絞ることをおすすめします。

習い事を多くしている親御さんの中には「子どもを忙しくしていないと不安」と感じている方もいます。これは、子どもの能力を十分に信頼できていない表れかもしれません。一時的に成績が下がったとしても、やることを絞って時間と心の余裕を持って勉強すれば、成績は必ず上がります。中学受験は十分可能でしょう。

受験に合格したあとで、再び習い事を始めることもできます。

まずは親御さんが子どもの可能性を信じてあげてください。

受験撤退も一つの選択肢と理解する

中学受験に取り組む中で思うように成果が出なかったら「受験をやめる」という選択肢を持つことは、決してネガティブなことではありません。

むしろ、子どもが心身ともに不調をきたす前に、最適な判断をするための重要な選択肢の一つとしてとらえるべきです。

ただし、「撤退」にも段階があり、なぜ思うように成果が上がらないのか、正しく理解することです。

まず、**勉強がはかどらない理由**を探りましょう。

その理由が、「集団塾」にあるかもしれません。

競争心をあおるような集団授業のペースについていけない、課題が多すぎる、学習スタイルが合わないなどの理由で塾での学習が苦しくなることは珍しくありません。実際に多くの子どもが塾の学習スピードの速さにとまどいを感じています。

このような場合は、すぐに受験自体をあきらめるのではなく、学習方法の変更を検討すべきです。

たとえば、マンツーマン指導や家庭教師など、個々の生徒のペースに合わせた学習方法に切り替えることで、成績が伸びる可能性も十分にあります。

特に、競争を苦手とする子どもや、じっくりと理解を深めていきたい子どもにとって、個別指導は効果的な選択肢となるでしょう。

また、5年生になると学校での学習内容が急激に難しくなり、受験をやめたくなる時期が訪れることがあります。

学校の勉強と、受験対策とで子どものキャパシティを超えてしまうのです。

この場合は、主に塾の課題や学習方法に起因することが多く、必ずしも受験自体をあきらめる理由にはなりません。

受験からの完全撤退は、本当に最後の選択肢として考えましょう。なぜなら多くの場合、6年生になって「やはり受験にチャレンジしたかった」と考える子どもが少なくないからです。

そのため、**可能な限り受験という選択肢は残しておく**ことが望ましいです。

ただし、子どもが他に明確な目標を持っている場合は別です。

たとえば、小さな頃からサッカーのユース選手を目指しているなど、**受験以外に情熱を注げる目標がある場合は、そちらを優先することが子どもの将来にとっては良い**かもしれないからです。

重要なのは、撤退を選択肢として持つことで、かえって心理的な余裕が生まれるということです。

「今は一時休止しても、また再開できる」という認識を持つことで、より冷静な判断が可能になります。

体力的・経済的な理由で一時的に受験勉強を中断する必要がある場合も、それは決して失敗ではありません。

特に経済的な面では、無理な借金などをしてまで続ける必要は全くありません。子どもの将来のために苦しい選択をする保護者も少なくありませんが、まずは家庭の状況に合った**現実的な判断を優先**すべきです。

このように、「撤退」は決して後ろ向きな選択ではなく、より良い方向に進むための戦略的な判断として認識しましょう。

状況に応じて柔軟に方針を変更できる余地を持っておくことが、結果的に子どもの成長につながる場合も多いのです。

受験でうまくいく親の共通点

中学受験において、子どもを成功に導く親には共通する特徴があります。

近年では「受験は情報戦」という考えから、ＳＮＳや掲示板の情報に振り回され、冷静な判断ができなくなる親御さんも少なくありません。子どもの受験となると、親はナーバスになりがちですが、親の態度は子どもに大きな影響を与えます。親も子どもも健全に受験を乗り越えるために、成功例から普段における心構えを学びましょう。

第一に、**柔軟な学校選びの姿勢を持っています**。

「偏差値が高い学校でなければならない」「有名付属校が安心」という固定観念に縛られていません。

現実的な選択肢を幅広く検討できる親は成功しやすい傾向にあります。現在の偏差値から上下10程度の範囲で、子どもに合った学校を探す柔軟さがあります。駅から少し離れていても教育内容が充実している学校や、偏差値は若干低くても手厚い指導で知られる学校なども視野に入れて、選択肢を幅広く検討できます。

第二に、**「偏差値至上主義」に陥らない冷静さを持っています。**

成績表の数字を必要以上に気にすることはなく、偏差値を単なる現状把握の指標としてとらえています。テストの答案用紙を見て、間違えた箇所をどのように改善していくかという建設的な思考ができています。

第三の特徴として、子どもの可能性を信じているため、**目の前の結果に一喜一憂せず、長期的な視点で成長を見守る**ことができます。

子どもも、自分の行動にネガティブな反応をされない環境で、伸び伸びと自分を試すことができます。細かい点を過度に気にする親よりも、「自分の子どもはうまくいく」という**根拠のない自信を持ち、見守る姿勢を持つ親のほうが、良い結果につながりやすい**のです。

第四に、**塾の先生や学校の先生との信頼関係を築ける親**であることです。

先生を信頼し、必要以上に疑問や不安を口にせず、決められた方針に従える親は成功率が高くなります。この信頼関係は、先生のモチベーションを高め、より良い指導につながる好循環を生み出します。先生も一人の人間ですから、疑われるよりも期待されたほうが「期待に応えよう」と指導に身が入ります。

ただし、これは塾や学校に丸投げすることとは異なります。**子どもの塾や学校での様子や学習状況は把握しつつ、余計な干渉を控える**ということです。

最後にもっとも重要なのは、**親子の気持ちが同じ方向を向いている**ことです。

親子で目標を共有し、互いを信頼し合える関係性を築けている家庭は、良いエネルギーを生み出し、目標達成へと向かうことができます。

こうした特徴を意識しながら、親子で健全な受験生活を送ることが、成功への近道となるでしょう。

塾の当たり前に惑わされないこと

夏休みや冬休みは受験生にとって非常に重要な期間です。
そのため、塾では夏期講習や冬期講習を必ず設定します。講習のスケジュールを見ると、「こんなに塾に行くのか?」と驚くはずです。
そして、こんなに塾に通うのだから、それに合わせて成績も上がるはずと期待する親御さんは多いと思います。
また、塾に行ったという事実だけで、勉強をした気になる子どもも非常に多くいます。

当たり前ですが、**塾に行って教室で座っているだけでは成績は一切伸びません。**

塾の年間スケジュールは、入試までに必要な学習内容を逆算して組んでいます。そのスケジュール通り、うまく物事が運べば、6年生の夏休み前までにすべての科目の分野の勉強が終わるので、夏休みで全分野の総復習を行い、9月以降は、復習および志望校対策、冬休みで最終的な志望校対策を行います。

しかし、実際に夏休み前にすべての科目の分野が身についている子どもはほとんどいません。それに対して、夏期講習はすさまじいスピードで復習が進んでいくのが実情です。

一度だけでは学んだことを忘れてしまうため、全分野を復習する夏期講習という考えは正しいのですが、子ども一人ひとりに合わせた緩急がある勉強方法とはいえません。

そこで、私の経験則からおすすめする長期休暇の勉強方法をお伝えします。

夏休みは、苦手分野を埋め、思考力を鍛えていきましょう。子どもが苦手分野を克服するためには、**10日あるいは1週間、どっぷりと苦手分野に取り組ませる**ことが大切です。

それにより苦手意識がなくなります。

普段なかなか時間を確保しにくいため、この時期にじっくり考える必要のある問題を納得いくまで考えることも併せて重要になります。これで思考力も深まります。

夏休みは、**「薄く広く」ではなく、手つかずだったものを「絞って深く」勉強**しましょう。

冬休みも同様です。**自宅学習や個別指導で、頻出分野なのにまだ勉強が手薄な単元を集中的に勉強**するほうが効率的といえます。

親からすれば塾に行かせること、子どもからすれば塾に行くことが目的になってしまい、肝心な「学力不足を埋めるため」を手薄にしないようにしましょう。

家でできる受験勉強のコツ

家庭での受験勉強を成功させるには、塾任せにせず、自分たちなりのルールと環境づくりが重要です。

まず重要なのは、**塾を「活用する」という考え方**です。

多くの家庭が塾に預けた瞬間から塾のペースに追いつくことばかりに注力してしまいますが、それは必ずしも効果的ではありません。

塾は単なる教材や、子どもが学びを深めるためのツールの一つとしてとらえ、自分たちの価値観やペースに合わせて活用することが大切です。

すべての課題をこなそうとするのではなく、自分たちで決めたルールに沿って、必要な部分を選択的に取り入れていく姿勢が求められます。

環境づくりの面では、**集中力を高めるための工夫**が効果的です。

たとえば、受験本番の試験を疑似体験するために、時には貸し会議室を利用するのも一案です。最近は1時間500円程度で利用できる会議室もあり、家では得られない緊張感のある環境で学習することができます。

また、志望校の近くで勉強することも良いでしょう。志望校の最寄りにあるカフェで勉強すると在学生の様子を垣間見ることができ、目標をより具体的にイメージすることができます。

情報管理も重要なポイントです。

現代はさまざまな情報が氾濫しており、**不必要な情報に惑わされないよう「ミュート力」を養う**必要があります。

特にSNSやネット上の情報は、必ずしも信頼できるものばかりではありません。他人の成功体験や、根拠のない不安をあおる情報には惑わされず、自分たちに本当に必要な情報だけを選択的に取り入れることが大切です。

学習方法としては、**「彫刻型」の考え方を取り入れる**ことをおすすめします。

多くの人は「建築型」、つまり課題を積み上げていく方式を取りがちですが、むしろ不必要なものを削ぎ落としていく「彫刻型」のほうが効率的です。

特に6年生になると難しい問題が増えてきますが、すべてを完璧にこなす必要はありません。

その子に合った必要最小限の部分を見極め、そこに集中することが大切です。

また、**完璧主義に陥らない**ことも重要です。入試は、6割から7割程度できれば合格できます。

つまり、100点満点を取る必要はなく〝合格最低点〟を取れば志望校に受かります。これを念頭に置いていれば、難しい問題に時間をかけすぎず、回転率を上げることを意識できます。

問題を解いていて5分以上考えてもわからない場合は、そこで立ち止まらず、印をつけておいて後で先生に質問するリストをつくるなどの工夫が効果的です。

さらに、**「外注化」の考え方**も重要です。

親がすべてを抱え込むのではなく、可能な部分は他人の力を借りることを躊躇しないことです。

特に中学受験における家庭教師の役割は、いかに受験勉強を効率的に行うかです。しっかりとしたプロの指導者に家庭教師を頼むのが得策といえます。

最後に、**基礎学習のための教材選び**も重要です。

市販の問題集だけでなく、インターネット上で公開されている良質な教材（例：原田式プリント）なども、うまく活用することで効果的な学習が可能です。

ただしレベルや量を見極めて、その子に合った使い方をすることが大切です。

このように、家庭での受験勉強は、単に与えられた課題をこなすだけでなく、自分たちなりのペースとルールを確立し、効率的に進めていくことが成功への鍵となります。

憧れだけを追い求めない受験

受験をする際に親御さんが気に留めていてほしいことは、第二、第三志望についてです。

第一志望に合格することがもちろんベストですが、**第一志望に受かる受験生は4人に1人**といわれています。そのため、第一志望に受からなかったときに、次にどこに行きたいのかというビジョンを子どもと共有しておきましょう。

また、本命校の前に受験をする**「前受け」すること**を私はすすめています。理由は大きく2つあります。

1つ目は、**受験直前で飛躍的に学力が伸びる**子どもが多くいるからです。6年生の模試は12月が最後のため、子ども自身が、学力が向上した手ごたえを感じられる

機会が減ってしまいます。そのため、1月の受験校は仕上がりを確認するために受けることも大切といえます。これには条件があり、点数がわかる学校を選ぶことをおすすめします。すべての学校で行われているわけではありませんが、各科目の点数や合格最低点、受験者全体での位置などを合否とともに教えてくれる学校があります。

このような学校を前受けすることをおすすめします。

2つ目は、前受けが、自信がない子どもに自信をつけさせるためのお守りとなるからです。

本命より、2ランクくらい下の学校を受けるのがおすすめです。自信をつけて本命の第一志望に挑めるように導いてあげましょう。

模試と異なり、**本番の緊張感を味わうこともできる**ためです。

そして、**受験には解き方があります。**

決められた時間内で最大のパフォーマンスを発揮できるようにすることが大切で

す。練習で問題を解く際に、受験時間が60分だとしたら、あえて短い40分で問題を解きます。そうすることで、当日の試験は余裕を持って挑むこともできますし、解答を見直す余裕もあります。

また、問題を解く前に、まず全体をパラパラとめくることも重要です。順番通り問題を解いていくのではなく、自分が得意な問題や点数が取りやすそうな問題から取り組みましょう。出された問題通りではなく、自分で解く順番を考えるのです。

100点を取るのではなく、80点を取るぐらいの意識で、確実に点数を稼げる問題から解いていくのです。テストの全体像を見て、取り組む問題と捨てる問題を見極めて、解き方の戦術を考える大切さを子どもに伝えましょう。

最後に、**偏差値に惑わされない**ことを忘れないでください。

受験をするにあたり、散々気にした偏差値により、最終的に志望校を直前で変更する親御さんが多くいます。

しかし、それは学力が下がったのではなく、たまたまそのときに受けた模試で、苦手な単元が出てしまったり、苦手な分野ばかりが問題として出てしまったりしただけの場合があります。

直前の模試の偏差値に惑わされずに、どの科目の何の単元で点数を落としたのかに着目してください。受験の前に気づけて良かったと前向きに考えて、目標に定めた志望校に挑んでいきましょう。

中学受験は、親と子どもが一緒になって考えて取り組む最後の受験です。

高校や大学の受験は基本的には子ども自身が自分で考えて挑むことになります。しかし中学受験は、子どもを軸に進みながらも、親がしっかり舵を切ってあげなければいけません。

勉強の「習慣化」はこの先の勉強にも役立ちますし、挑戦するために土俵に立つ経験は必ず勇気を得ることができます。

学校や塾に任せるのではなく、うまく活用して子どもと一緒に勉強のルールをつくっていける親を目指していきましょう。

第5章のまとめ

- 塾での学習内容は学校教育の範囲外が9割
- 子どもの性格に合っている中学を検討する
- 必ずしも難関校を目指す必要はない
- 受験という経験は、生涯を通じた成長の基盤となる
- 可能な限り受験という選択肢は残しておく
- 受験には親子の気持ちが同じ方向を向いていることが重要

Eden誕生秘話

13年前に、教員をしながら家庭教師をしていたときのことです。

中学受験をする生徒を指導していた際に、H君という生徒を受け持つことになりました。その彼は、大手学習塾を2つ掛け持ちしていましたが、塾での成績は常に下位で、偏差値は30前半、宿題も丸写し状態の子でした。お母様が典型的な受験ママであり、できていないところにフォーカスをしていて、H君はその脅迫観念から塾から出された宿題をただこなすことが目的になってしまい、大人にも嘘をつくことが無意識的にうまくなって逃げグセがついていました。

そのような中、私が体験授業を行った際に、「間違ってもいいから今自分が思っている答案を自由に書いていいよ!」とH君に伝えたところ、国語の記述でとても面白い解答をしたのです。私は素直に驚き、「すごいな、4年生でこんな言葉を書けるなんて自分の子どものときには絶対できなかったよ。もっといろいろとH君の思っていることを知りたいな！」と、承認した途端、H君は涙を流し、話してくれました。

「間違ってもいいんですね。今まで正しい答えを出さなきゃいけない、怒られないように宿題を出さなきゃいけないと思っていたから、うれしいです」

そこから、お父様からも「塾なしで先生にお願いしたいです！」とすべてを託されたのがきっかけとなり、今の家庭教師Edenを立ち上げることになりました。もちろん、私も大手塾のフォローや成績向上のための指導はそれまでにも行っていましたが、塾なしですべてフォローすることに非常にプレッシャーを感じました。

そのため、私はH君に合った勉強法や市販の教材、大手塾の教材などを全力で探し、それに応えるようにH君も全力で勉強に向き合ってくれました。そしてH君は、やらないといけない課題に追われることが次第になくなり、基礎範囲を集中的に勉強した甲斐もあり、3カ月ほどで偏差値が10以上も向上できたのです。

これには私も非常に驚きました。私はこの経験で、個々に合ったレベルの教材や問題の選定ができるようになり、ほとんどの生徒が自分のレベルやペースに合った勉強法を実施できていないことにも気づきました。また、中学受験の模試や志望校の入試に出る単元も実は4、5年生の基礎範囲に限定されていることも併せて気づかされました。家庭教師としての現場を経験したことで、「成績を上げるために不要なこと」も知るようになりました。

その際にできたのが、その子のできるにフォーカスした「強み学習法」です。この強み学習法は、本書でもお伝えした現在のEdenの指導法の根幹となります。

また、「塾に行かずに中学受験で合格するなんて無理」とよく言われる中、H君は私を信じて夏期講習も冬期講習も行かず、私との「強み学習法」に励んでいました。その結果、6年生の夏明けの模試では、偏差値は60を超えていました。私と出会った当初とは顔つきも変わり、自信に満ちあふれているようでした。

そして、受験直前も、彼からは「やれることはやったし、先生とやったことを本番で出すだけ。結果は後でついてくるから自分の今の力を出してくるね！」と言ってくれました。H君は、見事第一志望校であった明治大学付属中野中学校に合格することができたのです。

そんな彼も大人になり、先日電話をくれました。

「先生と約束したお酒を今度飲みに行きましょう。また、僕の後輩たちがどんどん成功されるのを僕も応援しています！」

このように一言添えてくれるような立派な男性になっています。出会った頃のH君は、競争に追われ、集団の下位層にいて、自己肯定感も失った状態でした。しかし、「少しのできたこと」を活かしただけで、このように勝ち経験を得て、受験や、挑戦は怖くないものだと、人生で生きるうえで一番大事な生き抜く力を身につけていったのだと思います。

世の中の受験生は優秀で、受験に合格できる能力は十分にあります。ほんの少しの教える側のテクニックで、「こんな自分でもできるじゃん！」という成功体験を子どもに味わってもらえるのです。受験でも人生でも勝てる存在であることを子どもたちに知ってもらいたいのです。

★おわりに★

本書を最後までお読みいただき、ありがとうございました。

この本を手に取られた親御さんは、きっとお子様の学習や将来について真剣に向き合い、受け止めていることと思います。

しかし、その熱心な思いが時として空回りし、子どもの学習の妨げになることがあり、歯がゆい思いをされたこともあるのではないでしょうか。

これまでにお伝えしてきたように、子どもの学びは個性に合わせて、それぞれの方法で進めていく必要があります。

学校も塾も集団学習のため、この肝心なことが見落とされがちなのです。

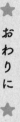

本書で解説した方法は、特別なものではありません。

日々の生活の中で実践できる内容ばかりです。

ぜひ、お子様の性格や興味に合わせて、できるところから始めていただければと思います。

最後に、本書で私がもっとも伝えたかったことは、「子どもには無限の可能性がある」ということです。

その可能性を開花させるためには、私たち親が子どもの味方となり、適切な環境を整えてあげることが重要です。

お子様の強みを活かした輝かしい未来のために、本書が少しでもお役に立てれば幸いです。

そして、親子で学びの喜びをわかち合う日々が訪れることを心より願っています。

居村直希

読者限定プレゼント

超・強み学習法2.0

完全攻略テンプレート10大特典

大手塾なし、大量演習なし、強制なしでも、
偏差値40未満でも わずか3カ月で偏差値**20UP**を実現し、
志望校に**逆転合格**できる!

この度は、本書を読んでいただき誠にありがとうございます。
読者の皆さまに向けて、書籍の内容と連動して中学受験に逆転合格できる特別なプレゼントをご用意しました。
ご活用していただけますと幸いです。

特典の入手方法

右のQRコードを読み取っていただければ、特典ページへと移動いたします。

コードが読み込めない場合は、下記のURLを検索願います
https://eden-kobetu.com/gyakuten56/

※本特典は著者独自のものであり、出版元は一切関与しておりませんのでご了承下さい。

居村直希（いむら・なおき）

株式会社 Eden 代表取締役
家庭教師 Eden 運営、中学受験逆転プロデューサー、中学受験の逆転合格の専門家、家庭教師歴 18 年。今までに 3,000 人以上の生徒たちを指導してきた実績がある。
新型コロナウイルス感染症のパンデミックの 2019 年から 2025 年現在もオンラインだけで、日本全国の中学受験の生徒 400 名以上の偏差値を 40 未満の状態からわずか 3 カ月ほどで 50 ～ 60 台に向上させ、有名中学校に逆転合格させてきた実績を持つ。

●都心での毎年の実績●
「麻布学園麻布中学校」「広尾学園中学校」「駒場東邦中学校」「本郷中学校」「芝中学校」「高輪中学高等学校」「攻玉社中学校」「三田国際学園中学校」「学校法人成城学校成城中学校」「明治大学付属中野中学校」「明治大学付属明治中学校」「青山学院中等部」「中央大学附属中学校」「東京都市大学付属中学校」「桐蔭学園中等教育学校」「世田谷学園中学校」「吉祥女子中学校」「頌栄女子学院中学校」「山脇学園中学校」「普連土学園中学校」「三輪田学園中学校」「共立女子中学高等学校」など

● 2024 年度のオンラインだけでの実績●
「麻布学園麻布中学校」「世田谷学園中学校」「金光学園中学」「弘学館中学校」「名古屋経済大学高蔵中学校」「名古屋女子大学中学校」「浦和実業学園中学校」「静岡学園中学校」「東京農業大学第一高等学校中等部」「筑紫女学園中学校」「上宮学園中学校」「横浜創英中学」「鎌倉女学院中学」「穎明館中学高等学校」「中部大学春日丘中学校」「駒場東邦中学校」「広尾中学校」「栄東中学校」「本郷中学校」「高輪中学高等学校」「三輪田学園中学校」「跡見学園中学校高等学校」「光塩女子学院 中等科」「智辯学園奈良カレッジ中学部」「神奈川大学附属中学校」「AICJ 中学校（特待生）」「広島国際学院中学校（特待生）」「開智中学校」「城北学園城北中学校」「清風中学校」「金蘭千里中学校」「高槻中学校」「東山中学校」「吉祥女子中学校」「日本大学豊山中学校」「安田学園中学校」「函館ラ・サール中学校」「北嶺中学校」「六甲学院中学校」「岡山白陵中学校」「逗子開成中学校」「鎌倉学園中学校」「大宮開成中学校」「栄光学園中学高等学校」「滝川第二中学校」「学校法人ヴィアトール学園洛星中学校」など

自分から学ぶ子どもの親は知っている

小学生が勉強にハマる強み学習法

2025年 2 月20日　初版発行

著　者　居村直希

発行者　野村直克
発行所　総合法令出版株式会社
〒103-0001　東京都中央区日本橋小伝馬町 15-18
EDGE 小伝馬町ビル 9 階
電話　03-5623-5121
印刷・製本　中央精版印刷株式会社

落丁・乱丁本はお取替えいたします。

ISBN 978-4-86280-984-1

総合法令出版ホームページ　http://www.horei.com/